THEMENWANDERUNGEN

VORDERWALD

MITTELWALD

HINTERWALD

MEHRTÄGIGE WANDERUNGEN DURCH DEN BREGENZERWALD

RUDOLF BERCHTEL

WANDERBUCH BREGENZERWALD

ErlebnisWANDERN

- Wandern und genießen
- Natur und Kultur entdecken

TYROLIA-VERLAG
INNSBRUCK-WIEN

ÜBER DEN BREGENZERWALD

Auer Ried

NÜTZLICHE INFORMATIONEN

Widderstein (von Hochkrumbach aus)

Schönenbachvorsäß

WÄLDERDORF

Ein Wälderdorf ist meine Welt, wo alter Brauch zum Trotz sich hält.
Von hohen Bergen rings ein Wall, dort darf ich leben in dem Tal.
Ich möcht' sonst nirgends, nirgends sein, so gern bin ich im Wald daheim!

Ich wandere der Ach entlang, hoch über mir der Föhngesang.
Lang deckt der Schnee die Alpen zu, Lawinen wirft die Kanisfluh.
Ich möcht' sonst nirgends, nirgends sein, so gern bin ich im Wald daheim!

Ich sah das Meer in böser Zeit, die große Stadt und Länder weit;
Dort träumte ich vom Schindeldach zur Maienzeit in Schönenbach.
Ich möcht' sonst nirgends, nirgends sein, so gern bin ich im Wald daheim!

Was mir das Jahr auch bringen mag, noch lacht mir heut ein Sonnentag.
Im Nachbarhaus in Freud und Fried klingt abends oft das Wälderlied.
Ich möcht' sonst nirgends, nirgends sein, so gern bin ich im Wald daheim!

(Text: Hedwig Ender-Kohler)

VORWORT

Wandern ist nicht gleich Wandern. „Wandern und genießen" – unter diesem Titel sind hier genussvolle Wanderungen beschrieben. Wichtig für den Genuss sind dabei eine gute Planung und Auswahl der Wanderrouten sowie eine exakte Beschilderung und genaue Markierung der Wege.
Seit einigen Jahren sind alle Wanderwege im Bregenzerwald nach den Vorgaben des Vorarlberger Wanderwegekonzeptes einheitlich markiert. Somit folgen alle in diesem Wanderführer beschriebenen Routen den neu markierten Wegen und sind auch exakt auf die Beschilderung abgestimmt. Die Wegweisertafeln sind in Gehrichtung montiert und enthalten die wichtigsten Ziele. Ist zwischen den Zielen ein „Trennungsstrich" angebracht, wird auf ein Abzweigungsziel aufmerksam gemacht. Weiters sind auf den Hauptwegweisern die Gehzeiten, die genaue Standortbezeichnung sowie die Meereshöhe ersichtlich. Als Markierungsfarben werden auf den Tafeln und an Bäumen, Pfosten oder Steinen drei Schwierigkeitsgrade unterschieden.

Insgesamt sind im Bregenzerwald rund 2000 Kilometer Wanderwege einheitlich beschildert und markiert. Sie führen zu den schönsten Plätzen. Dazu zählen malerisch ge-

Kennzeichnung im Buch	Markierung	Signatur in der Karte	Charakteristik
			Spazier- oder Wanderweg (leicht begehbar)
	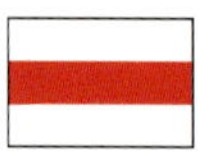		Bergwanderweg (Bergschuhe mit griffiger Sohle empfohlen)
			Alpiner Steig (Trittsicherheit und Schwindelfreiheit erforderlich)

legene Ortschaften, grüne Wiesen und Wälder, traditionsreiche Alpen, glitzernde Bergseen und sprudelnde Gebirgsbäche, und natürlich imposante Berggipfel mit grandiosen Ausblicken. Durch dieses genaue Beschilderungs- und Markierungssystem ist es nicht mehr nötig, den Wegverlauf ausgiebig zu beschreiben. Folgen Sie einfach den Schildern und Markierungen!

Ein bekannter Spruch des Heimatdichters Gebhard Wölfle (1848–1904) aus Bizau lautet: „Meor ehrod das Ault, meor grüessod das Nü und bliebod üs seolb und dor Hoamat trü."
Es ist ein Leitspruch des Bregenzerwaldes geworden. Altes und Neues zu verbinden ist das Motto im Bregenzerwald. Besonders deutlich sichtbar wird dies in der Architektur und im Handwerk, wie man auf verschiedenen Wanderungen erfahren kann.

Bei den ausgesuchten „Genuss-Wandertipps" handelt es sich fast ausschließlich um Rundwanderwege. Zudem wurden diese Wandertipps in verschiedene Themen gegliedert: Kulturwege, historische Wege, Sagenwege, Alpwege, Naturlehrpfade, Familienwege, Wasserwege und Gipfelwege. Bei den Wandertipps sind auch alle Bergbahnen des Bregenzerwaldes sowie sämtliche Berggasthöfe und Hütten berücksichtigt.

In einem zweiten Kapitel werden einige mehrtägige Wanderungen vorgestellt. Zu Fuß durch den Bregenzerwald zu wandern – beginnend am nördlichsten Ort Sulzberg mit seiner „Aussichtsterrasse", von der man bereits weit in den Bregenzerwald hineinsieht, bis zum Tannberggebiet – ist ein eindrucksvolles Erlebnis. Dabei bieten sich mehrere Routen zur Wahl an: zwei Höhenwege, ein Dörferweg und eine Route entlang der Bregenzerach. An jedem Etappenziel sind gepflegte Hotels, Gasthöfe oder Pensionen zur Übernachtung vorhanden. Natürlich können auch all diese Tagesetappen einzeln gemacht werden. Jeder Abschnitt ist für sich eine schöne Tour. Mit dem „Landbus Bregenzerwald" erreicht man nach der Wanderung bei Bedarf bequem wieder alle Ausgangspunkte.

Rudolf Berchtel

Einkehrmöglichkeit

Wegverlauf

Variante

ÜBER DEN BREGENZERWALD

Abgrenzung

Die politische Abgrenzung des Bregenzerwaldes besteht im Norden und Nordosten aus der Staatsgrenze zu Deutschland. Das Gelände ist hier aber landschaftlich offen und daher mit dem benachbarten Allgäu eng verbunden. Im Osten grenzt das Kleine Walsertal an den Bregenzerwald sowie das Bundesland Tirol. Das Arlberggebiet mit der Gemeinde Lech stellt die südöstliche Grenze dar und im Süden schließt sich das Große Walsertal an. Im Westen bildet das Rheintal, größtenteils die Gemeinde Dornbirn, die Grenze. Das Relief des Bregenzerwaldes steigt von Nord nach Süd an. Der tiefste Punkt liegt an der Einmündung der Rotach in die Bregenzerach bei 460 m, der höchste Punkt ist die Braunarlspitze mit 2649 m. Das Ortszentrum mit der geringsten Seehöhe hat Egg (560 m), während der Ortskern von Warth auf 1495 m liegt.

Der Bregenzerwald gliedert sich in die drei Gebiete Vorderwald, Mittelwald und Hinterwald und umfasst 22 Gemeinden.

Die Siedlungen des Vorderwaldes sind Sulzberg, Doren, Riefensberg, Krumbach, Langenegg, Lingenau, Hittisau und Sibratsgfäll. Zum Mittelwald zählen die Gemeinden Alberschwende, Egg, Andelsbuch und Schwarzenberg. Die Dörfer des Hinterwaldes liegen in drei Talkammern: Bezau/Bizau/Reuthe, Mellau/Schnepfau und Au/Schoppernau. Als letzte und höchstgelegene Gemeinden gehören noch die drei Walsersiedlungen Damüls sowie Schröcken und Warth im Tannberggebiet zum Bregenzerwald.

Geologie

Der Bregenzerwald ist eine der geologisch vielfältigsten Regionen der Alpen und weist auf kleinstem Raum zudem eine große Formenvielfalt auf. Mehrere Decken sind von Süden nach Norden übereinandergeschoben. Der Bregenzerwald hat Anteil an vier verschiedenen geologischen Zonen: Molasse, Flysch, Helvetikum und Ostalpin.

Die Molassezone baut den Nordteil des Bregenzerwaldes auf. Sie besteht aus Konglomeraten (eine Besonderheit sind die Nagelfluhbänke), Sandstein und Mergel und stammt aus umfangreichen Ablagerungen im Tertiär. Die Molasse wurde noch von der alpinen Faltung erfasst und erreicht somit beachtliche Höhen.

Südlich anschließend an diese gefaltete Molasse erstreckt sich – zwar nur schmal und lose aneinandergereiht – die nördliche Flyschzone, die auf die Molassezone aufgeschoben wurde. Flysch bezeichnet sandig-mergelige, leicht und tiefgründig verwitternde und dann ins „Fließen" geratene Gesteine.

Die westalpine Zone des Helvetikums baut den größten Teil des Bregenzerwaldes auf. Es sind dies Gesteine der Jurazeit, die im

Widderstein (vom Saloberkopf aus)

Gebirgsstock der Kanis- und Mittagsfluh zutage treten (Quintner Kalk) und auch kalkige und mergelige Schichtfolgen der Kreidezeit (z. B. Schrattenkalk am Hohen Ifen, Drusbergschichten am Diedamskopf, an der Hangspitze und Winterstaude). Erst nach der Ablagerung dieser Schichten setzte die Gebirgsbildung ein, die dann schöne Faltenzüge mit Verlauf von West nach Ost entstehen ließ. Die weicheren Mergel bilden hier sanft geneigte Hänge, die gute Alpweideflächen ergeben.
An das Helvetikum schließt sich nochmals ein Flyschgebiet an, die südliche Flyschzone. Sie erstreckt sich von Damüls (Portlahorn, Zafernhorn) über Au nach Schoppernau (Üntschenspitze).
Ganz im Süden hat der Bregenzerwald noch Anteil an den Nördlichen Kalkalpen, welche zur ostalpinen Zone gehören und wiederum auf die südliche Flyschzone hinaufgeschoben wurden. Wichtigste Gesteine sind hier der Hauptdolomit, der die steilen Felsgipfel der Künzelspitze, Braunarlspitze und des Widdersteins aufbaut, und zum anderen die Fleckenmergel (Jura), die das ausgedehnte Alpgelände tragen.

Klima

Mit seiner exponierten Lage an der „Nordwest-Ecke" der Ostalpen erhält der Bregenzerwald durch die häufigen Westwinde zu allen Jahreszeiten, besonders aber im Sommer hohe Niederschläge. Die meisten Niederschlagstage haben die Monate Juni und Juli, die geringste Zahl ist in den Monaten

Februar, September und Oktober zu verzeichnen. Die durchschnittlichen Julitemperaturen liegen zwischen 12 °C und 17 °C.

Geomorphologie

Eine generelle Klimaveränderung (Abkühlung) markierte vor etwa 2,5 Millionen Jahren den Übergang zu den Eiszeiten. Das Tal der Bregenzerach entwickelte sich allmählich zum Haupttal des Bregenzerwaldes und die eiszeitlichen Talgletscher konzentrierten sich mehr und mehr in einen Hauptgletscher. Dieser Bregenzerachgletscher wurde dabei öfters vom gewaltigeren Rheintalgletscher abgedrängt, welcher die Entwässerung oder Eisabfuhr aus dem Bregenzerwald blockierte. So entstanden auch natürliche Stauseen mit viel Schotterablagerungen im Bereich des vorderen Bregenzerwaldes. Als nach den Eiszeiten das Klima sehr feucht wurde und die Hänge von den Gletschern stark erodiert waren, folgten zahlreiche Rutschungen. Instabile Hangbereiche umfassen heute noch ungefähr ein Drittel der gesamten Geländeoberfläche des Bregenzerwaldes.

Hauptfluss durch den Bregenzerwald ist die Bregenzerach, die im Tannberggebiet entspringt und bei der Landeshauptstadt Bregenz in den Bodensee mündet. Sie hat ein Einzugsgebiet von 830 km² und eine Länge von 65 km. Die wichtigsten Neben- und Zubringerflüsse sind an der östliche

Kalbelesee und Körbersee

Blick von Alberschwende in den vorderen Bregenzerwald

Seite die Subersach, Weißach, Rotach und Bolgenach, an der westlichen Seite der Argen- und Mellenbach.

Naturräumliche Gliederung

Im Norden (vorderer Bregenzerwald) überwiegen plateauförmige Rücken und Kuppen, die im Bereich der gefalteten Molasse auf fast 1600 m ansteigen. Nördlich der Bolgenach sind hier der Kojenrücken (1300 m) und dann besonders die das Lecknertal umrahmenden Berge des Hochhäderich-Höhenzuges (1566 m) erwähnenswert. Zwischen der Bolgenach und der Subersach befindet sich der markante Hittisberg (1328 m) und des Weiteren ein Höhenzug, der beim Renkknie (1411 m) beginnt und im Feuerstätterkopf (1645 m) seine größte Höhe erreicht. Letzterer gehört bereits zur Flyschzone. All diese Rücken liegen unterhalb der Waldgrenze und sind durch eine intensiv geführte Rodungstätigkeit mit über 170 Alpen (meist kleine Privatalpen) besetzt.
Südlich dieses Gebietes folgt eine tiefe Schlucht, die sich die Subersach im weichen Flysch- und Molassegestein geschaffen hat. Diese bildet die Grenze zwischen dem vorderen Bregenzerwald im Norden und dem mittleren Bregenzerwald. Es ist ein großes Becken, umrahmt vom Winterstaude-Höhenzug (1877 m) im Süden sowie vom Hochälpele (1464 m) und Brüggelekopf (1182 m) im Westen.
Die Grenze zwischen Mittelwald und Hinterwald bildet der Winterstaude-Höhenzug. Landschaftlich ist hier ein markanter Wechsel festzustellen. Die helvetischen Faltenzüge erreichen im Hinterwald schon Höhen um 2000 m (Kanis-

fluh 2044 m, Diedamskopf 2090 m) und die unterschiedlich harten Kalke schaffen ein kontrastreiches Landschaftsbild: sanft ansteigende Südhänge und felsige, steile Nordhänge (Schrattenkalk). Zwischen diesen Bergen liegen drei Talkammern (spät- und nacheiszeitliche Schotterebenen) mit den Siedlungen des Hinterwaldes. Die Kalkberge im Tannberggebiet um den Hochtannbergpass (1676 m) erreichen schließlich Höhen über 2500 Meter (Widderstein, Mohnenfluh, Braunarlspitze).

Flora und Fauna

Neben naturnahen Mischwäldern (Buchen, Tannen, Fichten) hat der Bregenzerwald – bedingt durch das feuchte Klima und den Untergrund – auch einen hohen Anteil an Moorflächen (Flach- und Hochmoore), die naturkundlich von besonderer Bedeutung sind. Besonders reich an schützenswerten Mooren und Feuchtflächen ist der Hinterwald. Landschaftsprägend sind auch die durch die intensive Grünlandbewirtschaftung entstandenen Fettwiesen. Daneben existieren aber auch Magerwiesen und Bergmähder, die einen artenreichen Lebensraum für viele seltene Pflanzen und Tiere bieten.

Im Bregenzerwald lebt zahlreiches Rotwild (Hirsche) sowie auch Reh- und Gamswild. Auch Feldhasen, Füchse und Murmeltiere sind in den entsprechenden Höhenlagen zu finden.

Alpenrosen

Geschichte

Um das Jahr 1000 wurde der damals noch gänzlich bewaldete Bregenzerwald von Bregenz aus besiedelt. In weiterer Folge gehörten die nördlichen Teile des Bregenzerwaldes (die Gerichte Alberschwende, Lingenau und Sulzberg) zur Herrschaft Bregenz, die Gerichte Damüls und Innerbregenzerwald aber der Herrschaft Feldkirch. Diese 1338 vollzogene Teilung ist die Grundlage für die heute noch gängige Unterscheidung von vorderem und hinterem Bregenzerwald. Nach 1380 bildete sich insbesondere im Innerbregenzerwald eine Selbstverwaltung der Bauernschaft heraus, die sogenannte „Bauernrepublik" mit freier Landsgemeinde, eigener Verfassung (Landbrauch) und einer Hoch- und Blutgerichtsbarkeit. Seit etwa 1500 gab es auf der Bezegg zwischen Andelsbuch und Bezau ein „Rathaus", das als Versammlungslokal für die Gerichtspersonen und die Abgeordneten aus den einzelnen Orten diente (siehe Kasten S. 68). Diese regionale Selbstverwaltung endete 1806 mit der bayrischen Gerichts- und Verwaltungsreform.

Siedlungsstruktur

Vorder- und Hinterwald weisen unterschiedliche Siedlungsbilder auf. Im Vorderwald überwiegen Streusiedlungen. Dabei bestimmen Einzelhöfe und kleinere Weiler das Landschaftsbild. Sie können zu einem erheblichen Teil auf die „Vereinödung" (Güterzusammenlegungen) zurückgeführt werden, welche im 17. Jahrhundert unter Kaiserin Maria Theresia stattgefunden hat. Jeder Bauernhof stand danach in wirtschaftlich notwendiger Distanz zu seinem Nachbarn. Im Hinterwald dagegen findet man vermehrt den Siedlungstyp des Straßenweilers. Es treten geschlossenere Dorfformen mit deutlich weniger Weilern und Einzelhöfen auf. Für die Walsersiedlungen ganz im Süden des Bregenzerwaldes wiederum sind weit verstreute Höfe charakteristisch.

Bevölkerung

Heute leben ca. 30.000 Menschen im Bregenzerwald. Neben der Land- und Forstwirtschaft hat hier vor allem das Handwerk Tradition. Dazu gehören in erster Linie die Holzverarbeitungsbetriebe, die mit ihren Arbeiten zum Ruhm der Bregenzerwälder Handwerkskultur und Holzarchitektur beitragen. Weitere wichtige Erwerbszweige im Bregenzerwald sind das Bauwesen und der Handel, wobei Klein- und Mittelbetriebe dominieren. Bei den Dienstleistungen sind vor allem die hervorragenden Beherbergungs- und Gaststätten zu erwähnen, daneben das Bank- und Versicherungswesen sowie Gesundheits- und Sozialwesen.

Land- und Forstwirtschaft

Die Landwirtschaft nimmt im Bregenzerwald noch eine starke wirtschaftliche Stellung ein. Ca. 10 % der Arbeitskräfte sind in diesem Bereich tätig. Kennzeichnend sind das Vorherrschen des Kleinbesitzes und der Viehwirtschaft (im Bregenzerwald gibt es ca. 22.500 Rinder) mit Käseproduktion. Dabei hat sich im Bregenzerwald zur optimalen Ausnutzung des Futters die „Dreistufenwirtschaft" entwickelt. Die Bauern ziehen mit ihrem Vieh im Frühjahr von ihrem Heimbetrieb im Tal zunächst ins höher gelegene Vorsäß. Im Sommer kommt das Vieh dann auf die Alpen, ehe man im Herbst wieder über das Vorsäß ins Tal zurückkehrt.

Die Anzahl der Betriebe nimmt vom vorderen zum hinteren Bregenzerwald deutlich ab, die Betriebsgröße hingegen nimmt zu. Grund dafür sind die Alpflächen, deren Anteil an der Betriebsfläche von rund 30 % im Vorderwald auf fast 75 % im Hinterwald ansteigt.

Im Bregenzerwald gibt es derzeit 17 Dorfsennereien, die jährlich ca. 45 Mio. Liter Milch zu verschiedenen Käsesorten (vor allem Bergkäse) sowie Butter und Rahm verarbeiten, und über 90 Alpsennereien, auf denen eine Spezialität, der Bregenzerwälder Alpkäse, erzeugt wird.

Die forstwirtschaftliche Bedeutung des Bregenzerwaldes setzte bereits im frühen Mittelalter ein. Für die Stadt Bregenz war das Holz des Bregenzerwaldes ein wesentlicher

Bauernhäuser in Schwarzenberg

Schalzbachvorsäß in Schoppernau

Eckpfeiler ihres Wohlstands. Ab dem 19. Jahrhundert kam es durch den Straßenbau und die Bregenzerwaldbahn (das „Wälderbähnle", ab 1902) zu großen Steigerungen im Holzeinschlag (2003: ca. 90.000 Festmeter). Mit der Verlegung des Holztransportes auf Straße und Schiene war es auch möglich, Holzprodukte vermehrt vor Ort herzustellen. Zu den Produkten zählten vor allem Bretter, Dachlatten, Fässer, Holzkohle, Rebstecken, Reisigbesen, Resonanzhölzer für Musikinstrumente, Spulen (für die Textilindustrie) sowie Tischler- und Kunsthölzer. Heute gibt es 24 Sägereibetriebe und zahlreiche traditionsreiche Tischlerei- und Zimmereibetriebe, die einen hervorragenden Ruf genießen.

Tourismus

Der Bregenzerwald ist bekannt als Wintersport- und Wandergebiet. Er ist flächendeckend nach dem neuen Wanderwegekonzept des Landes Vorarlberg beschildert und markiert. So führen rund 2000 km gut betreute Wanderwege durch die Vielfalt der Bregenzerwälder Landschaft. Besonderheiten sind dabei auch zahlreiche Lehrpfade wie z. B. der Quelltuff-Lehrpfad (Lingenau), die Natur-Erlebniswege (Sulzberg, Bezau, Au) und Alpenlehrpfade (Andelsbuch, Bizau). Auch gibt es in vielen Gemeinden beschilderte Dorfrundwege für kürzere Spaziergänge.
Bergbahnen, die auch im Sommer geöffnet sind, befinden sich in

BREGENZERWALD GÄSTE-CARD. Ab drei Übernachtungen erhält der Gast die Bregenzerwald Gäste-Card (Mai bis Oktober), die unter anderem in den Partnergemeinden kostenlose Bergbahnfahrten, gratis Eintritt in Schwimmbäder und freie Fahrt mit öffentlichen Bussen inkludiert. Informationen beim Bregenzerwald Tourismus (siehe S.168).

Alberschwende, Andelsbuch, Bezau, Bizau, Mellau, Schoppernau, Damüls und Warth. Freibäder sind in Egg, Bezau, Mellau und Au vorhanden, öffentlich zugängliche Hallenbäder in Lingenau und Reuthe.
Gasthöfe und Hotels haben im gesamten Bregenzerwald den Ruf hoher Gastlichkeit – verbunden mit ausgezeichneter Küche. Besonders die eigenen Sennereiprodukte (Bregenzerwälder Berg- und Alpkäse) werden gerne serviert und

Eisenhut

stammen von der zur besseren Vermarktung gegründeten „KäseStrasse Bregenzerwald". Diese ist keine Straße im herkömmlichen Sinn, sondern ein Verbund von entdeckenswerten Stationen – von Sennereien bis zu Wirtshäusern.

Verkehrserschließung

Während im Rheintal schon zur Zeit der Römer Handelsstraßen durch Vorarlberg führten und bereits im Mittelalter reger Handel herrschte, blieb der Bregenzerwald durch seine Naturschranken vom Verkehr abgeriegelt. Der Zugang vom Rheintal in den Bregenzerwald war nur über Höhenrücken und Pässe möglich, da die Schlucht des Bregenzerachtales die Anlage einer Talstraße verhinderte. Die zwei wichtigsten Verbindungen führten von Bregenz nach Alberschwende und weiter über den Lorenapass nach Egg bzw. Schwarzenberg sowie von Dornbirn über den Losenpass nach Schwarzenberg.
Im Bregenzerwald bestand eine wichtige Wegverbindung von Andelsbuch über die Bezegg (Standort des ehemaligen Rathauses) nach Bezau. Von Bezau führte der Weg weiter nach Reuthe (älteste Kirche im Hinterwald) und Bizau und über die Schnepfegg nach Schnepfau, Au und Schoppernau. Eine Verbindung von Egg in den Vorderwald war durch die Subersachschlucht (Gschwendtobel) nach Lingenau und weiter bis ins Allgäu gegeben. Für Doren und Sulzberg war die Verbindung über Langen nach Bregenz wich-

Gasthof Adler in Schwarzenberg

tiger als die Verbindung über Alberschwende. Einige dieser alten Wegstrecken können heute als Wanderwege genutzt werden.

Im Jahr 1902 wurde die Eisenbahnstrecke von Bregenz durch das Tal der Bregenzerach nach Bezau eröffnet. Die Bedeutung der Bregenzerwaldstraße durch das Schwarzachtobel sank mit der Inbetriebnahme des „Wälderbähnle" drastisch. Die zunehmende Motorisierung nach dem Zweiten Weltkrieg bereitete der Bregenzerwaldbahn allerdings immer größere Schwierigkeiten. Bedingt durch die kurvenreiche Strecke war es kaum möglich, die Fahrzeit von zwei Stunden zu verkürzen, während dieselbe Strecke von Bezau nach Bregenz mit dem PKW in 45 Minuten zurückzulegen war. Hangrutschungen im Bregenzerachtal zwischen Kennelbach und Egg führten 1980 zur Einstellung des Bahnbetriebes.

Zur besseren Verkehrserschließung innerhalb des Bregenzerwaldes wurden zwei große Brücken gebaut: die Hochbrücken zwischen Lingenau und Müselbach (1967; sie war damals die größte Bogenbrücke Europas!) sowie zwischen Lingenau und Großdorf (1982).

Heute sind die Busverbindungen sehr gut ausgebaut. Meist im Stundentakt fahren die „Landbusse" in alle Teile des Bregenzerwaldes bis hinauf zu den höchstgelegenen Orten Warth und Damüls.

VORDERWALD

Tour 1 bis 9

Blick von Doren auf Langen und den Pfänderstock

Tour 1

AUF DEM PANORAMAWEG NACH HOCHSTRÄSS

Familienweg

Sulzberg 1013 m – ¾ Std. ↗ 20 Hm – Hochsträß 1030 m – ¾ Std. ↘ 20 Hm – Sulzberg 1013 m

1½ Std. ↗ 20 Hm

Ausgangs- und Endpunkt: Sulzberg-Ortsmitte
Beschilderung: Hochsträß – Naturlehrpfad – Sulzberg *Waldweg*

Einkehrmöglichkeiten: Hochsträß-stüble, Sulzberg

WEGBESCHREIBUNG. Der Dorfplatz von **Sulzberg** liegt auf 1013 m und bietet eine herrliche Aussichtslage. Dieses bereits im Hochmittelalter besiedelte Gebiet wurde schon früh eine eigene Pfarrei. Die Pfarrkirche wurde 1828 von Alois Negrelli, dem Planer des Suezkanals, umgebaut. Neben der Kirche steht eine alte Linde mit einer Marienstatue im aufgerissenen Stamm.

Die gemütliche Wanderung führt vom Dorfplatz ostwärts entlang des **Naturlehrpfades** auf dem **Sulzbergrücken** auf über 1000 m Meereshöhe. Beim Hinweg nach **Hochsträß** (1025 m) hat man auf dem Panoramaweg Blicke über das Weißachtal hinaus ins Allgäu,

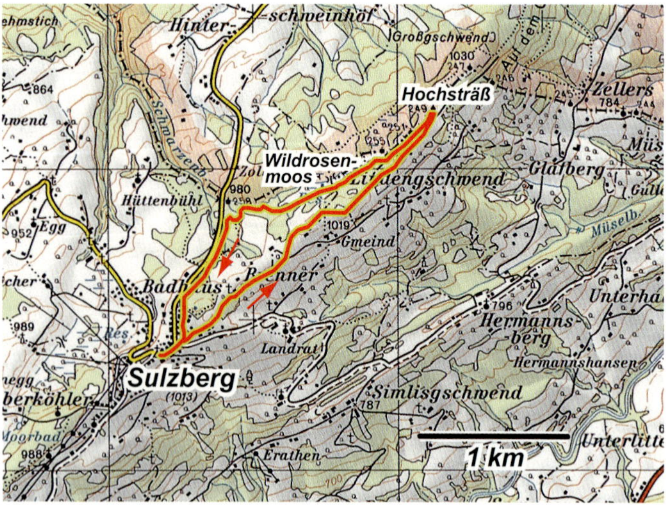

Blick von Sulzberg auf Riefensberg, im Hintergrund rechts die Winterstaude

in den Bregenzerwald und ins Rheintal.
Der Rückweg führt schattig durch den Wald und streift eine natürlich erhaltene Moorlandschaft, das **Wildrosenmoos** mit kleinem Moorsee, welches sich über den Lehmschichten des eiszeitlichen Rheingletschers gebildet hat. Das letzte Stück der Wanderung verläuft entlang eines Parcours, wo bei den einzelnen Stationen noch die Fitness getestet werden kann.

FEUCHTBIOTOPE. Der Bregenzerwald ist eine sehr niederschlagsreiche Region. Deshalb sind hier nicht nur Laubwälder vorhanden, sondern die Talschaft ist auch reich an Mooren und Feuchtflächen. Man unterscheidet zwischen Flachmooren, die vom Grundwasser beeinflusst werden, und Hochmooren, die ausschließlich vom Regenwasser gespeist werden. Moore sind torfbildende Pflanzengesellschaften und wurden daher durch den Abbau der Torfe vielfach zerstört. Sie sind neben ihrer Bedeutung als Lebensraum einer Vielzahl gefährdeter Tier- und Pflanzenarten wichtige Wasserspeicher.

Tour 2

HÜGEL UND STREUSIEDLUNGEN RUND UM KRUMBACH

Kulturweg

Krumbach 730 m – ¼ Std. ↘ 100 Hm – Bärentobel 630 m – 1 Std. ↗ 150 Hm – Riefensberg 780 m – 1¼ Std. ↘ 220 Hm – Gießenbrücke 560 m – 1 Std. ↗ 170 Hm – Krumbach 730 m

3½ Std.
↗ 320 Hm

Ausgangs- und Endpunkt: Krumbach-Ortsmitte
Einkehrmöglichkeiten: Krumbach, Riefensberg

Beschilderung: Bolgenach *Bärentobel* – Riefensberg – Gießenbrücke – Zwing – Krumbach

WEGBESCHREIBUNG. Vom Dorfplatz **Krumbach** (730 m) wandert man auf einem alten historischen Kirchweg hinab ins **Bärentobel**, wo die **Bolgenachschlucht** auf einem Holzsteg überquert wird. Danach führt der Weg stetig ansteigend auf einem alten Flurweg durch ein Streusiedlungsgebiet, wie es im vorderen Bregenzerwald typisch

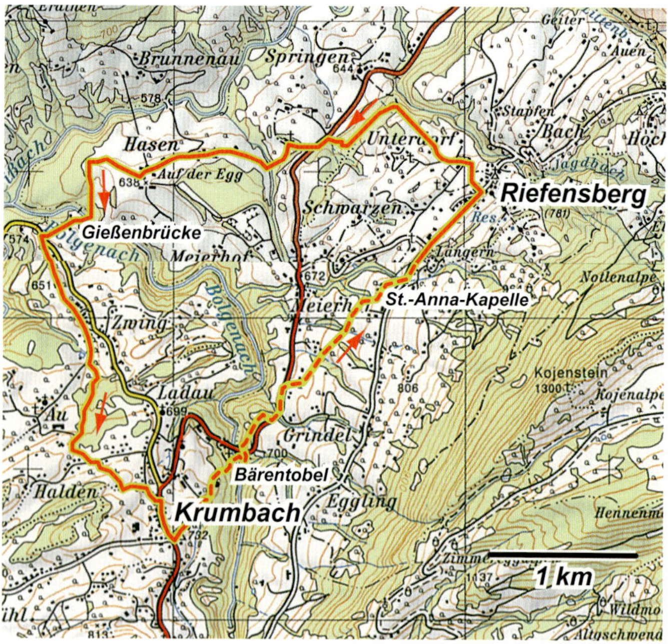

St.-Anna-Kapelle in Riefensberg

ist. Dieses entstand durch die sogenannte „Vereinödung". Darunter versteht man die Zusammenlegung von Gütern zur besseren Bewirtschaftung. Diese Maßnahme wurde in den 1770er- bis 1790er-Jahren im vorderen Bregenzerwald unter Kaiserin Maria Theresia durchgeführt. Dadurch wurden geschlossene Siedlungskerne in kleine, verstreut liegende Weiler und Einzelhöfe zersplittert.

Vor der Ortsmitte von Riefensberg kommt man in der Parzelle Fischer an der **St.-Anna-Kapelle** vorbei. Sie wurde 1729 zum Gedenken an einen verunglückten Fuhrmann erbaut. Riefensberg (780 m) liegt am historischen „Wälder Salzweg". Vom benachbarten Oberallgäu führte eine wichtige Handelsstraße in den Bregenzerwald. Auf dieser wurde besonders bis ins 18. Jahrhundert auch wertvolles Salz aus Hall in Tirol nach Westen transportiert. Hauptumschlagsplätze waren Bregenz und Lindau.

In Riefensberg wendet sich die Route abwärts und verläuft durch Wald und Feld bis zum tiefsten Punkt der Wanderung, der **Gießenbrücke**, einer alten gedeckten Holzbrücke (erbaut 1792), die wiederum über die Bolgenach führt. Danach steigt der Weg wieder an und schlängelt sich durch die Parzelle Zwing zur Ortsmitte von **Krumbach**.

TRACHT UND JUPPENWERKSTATT. Die Tracht der Frau ist bis heute im Bregenzerwald lebendig geblieben. Sie ist die älteste Frauentracht im deutschsprachigen Raum. Die Männertracht wird heute nur noch von den Musikkapellen und Trachtenvereinen getragen. Die Frauentracht besteht aus den Hauptteilen Juppe, Fürtuch und Ärmel. Die Juppe ist ein gefältelter Rock und wird aus schwarzer Glanzleinwand hergestellt. Sie begleitet die Trägerin oft ein Leben lang. Um die charakteristische, stark glänzende Oberfläche und die steife Elastizität des Juppenrockes zu erlangen, muss das gefärbte Gewebe geleimt, geglästet (glänzend gemacht) und gefältelt (bis zu 500 Falten!) werden. Das Mieder als Oberteil der Juppe ist an den Rock angenäht. Im Miederausschnitt liegt auf der Brust das Fürtuch, Dieses ist geschmückt mit farbiger Seidenstickerei und gold- und silberdurchwirkten Verzierungen. Die Ärmel können sehr verschieden gestaltet sein. Die Bandbreite reicht von einfachen Baumwoll- oder Leinenärmeln bis zu kostbaren, reich geschmückten Samt-, Brokat- und Seidenärmeln. Formgebend wird um die Juppe ein Ledergürtel mit kunstvoll ziselierten Schnallen in Silber oder vergoldet getragen.
Zur Tracht gehören noch verschiedene Kopfbedeckungen, von denen das „Schappale",

eine kunstvoll gestaltete Krone, die auffallendste ist. Es wird letztmalig am Hochzeitstag getragen. Weiters gibt es den Sommerhut, die Brämenkappe und die schwarze Spitzkappe, die zwölf kleine weiße Punkte aufweist – Symbol für die zwölf Apostel.
Bis in die 1950er-Jahre wurden im Bregenzerwald noch jährlich bis zu 900 alte Juppen „aufgerichtet" und rund 100 neue Juppen verkauft. Seither ist der Bedarf kontinuierlich zurückgegangen.
Die Juppenwerkstatt in Riefensberg ist eine Museumswerkstatt im ehemaligen, 1648 erbauten Gasthof „Krone". Das Gebäude mit einer neuen Glasfront gegen Osten ist auch architektonisch sehr sehenswert.
Juppenwerkstatt Riefensberg, Tel. 05513/8356-15, www.juppenwerkstatt.at, Öffnungszeiten: Mai bis Oktober, Di und Fr 10 bis 12 sowie Fr 14 bis 16 Uhr.

Tour 3

ZU HEILQUELLEN UND TIEFEN MOOREN

Sagenweg

Langenegg 690 m – 40 Min. ↗ 25 Hm – Moos 715 m – 40 Min. ↘ 70 Hm – Rossbad 645 m – 40 Min. ↗ 45 Hm – Langenegg 690 m

2 Std. ↗ 70 Hm

Ausgangs- und Endpunkt: Langenegg-Ortsmitte
Beschilderung: Richtung Krumbach bis Moos – Rossbad – Nord *Schutzgebiet* – Langenegg

Einkehrmöglichkeiten: Gasthaus „'s Schulhus", Kurhotel Rossbad, Hotel Krone

WEGBESCHREIBUNG. Diese Wanderung verläuft ohne viel Höhenunterschied durch die attraktive Hügellandschaft des Vorderwaldes. Der Weg führt zuerst von der Ortsmitte von **Langenegg** (690 m) hinauf zum **Hälisbühl** und von dort nördlich des Schweizberges in die Krumbacher Parzelle **Moos**. Hier wendet sich der Weg nordwärts und man gelangt über **Engisholz** und vorbei an der **Antonius-Kapelle** zum **Kurhotel Rossbad** (645 m),

ROSSBAD-SAGE. Vor einigen Jahrhunderten wurde ein Pferd, das sich zur Kühlung seiner Verletzungen oft in einem Krumbacher Gewässer aufhielt, besonders rasch geheilt. Den Bauern fiel das auf und sie fassten die heilkräftige Quelle. Deshalb hieß bei den Krumbachern der Ort von nun an „Rossbad".

Auf dem Weg zum Rossbad

Blick von Rain (Krumbach) auf Doren

welches in ruhiger Lage am Rande eines Naturschutzgebietes liegt. Nach der Durchquerung eines Waldstückes (Glatzbachtobel) erreicht man das geschützte Feuchtgebiet „**Nord**", ein idyllisches und wertvolles Naturjuwel nördlich des Finkenbühls. Das Hochmoor „Nord" ist eines der zehn Natur- und Pflanzenschutzgebiete im Bregenzerwald. Dabei kommt man auch am „**Energieportal Ruhe**" vorbei, mit wunderschönem Ausblick auf das **Mies-Moos** (siehe Sage). Hier befindet sich eine Barfußspirale, auf der man

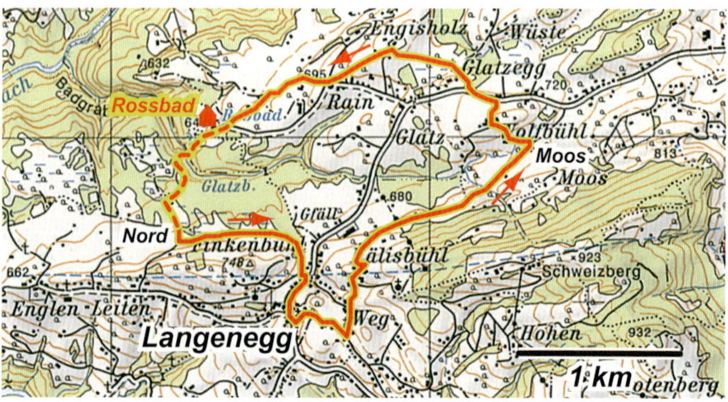

auf wechselndem Untergrund (Holz, Sand, Rinde, Steine, Gras) ins Zentrum (Wasser) gelangt. Nach weiteren 20 Minuten erreicht man wieder den Ausgangspunkt beim Gemeindeamt **Langenegg**. Hier bietet sich noch ein kleiner Rundgang durch die „Energieportale am Bach" an, wo unter anderem eine Sonnenuhr aus Steinen und verschiedene Arten von Wasserrädern zu bewundern sind.

Barfußspirale

SAGE VOM MIES-MOOS. Im Mies-Moos versammelten sich sonntagvormittags die dortigen Bewohner zu wüsten Gelagen. Sie feierten das „Teufelsfest". Da wurde geschmaust, getrunken und gesungen, was das Zeug hielt. Die Leute im Dorf entsetzten sich über diese Sonntagsentheiligung. Die Strafe für dieses Treiben blieb aber nicht aus. Eines Tages verfinsterte sich der Himmel und ein unheimliches Gewitter brach los. Ein gelber Blitz, ein furchtbarer Donnerknall – und die unheilvolle Stätte mit ihren Bewohnern versank im tiefen Moor.

Das Mies-Moos in Langenegg

Tour 4

KOMMASCHLUCHT UND ENGENLOCHSCHLUCHT

Wasserweg

Hittisau 790 m – ¼ Std. ↗ 40 Hm – Känzele 830 m – ¼ Std. ↘ 80 Hm – Bolgenach 750 m – 1 Std. ↗ 40 Hm – Hittisau 790 m

1½ Std.
↗ 80 Hm

Ausgangs- und Endpunkt: Hittisau-Ortsmitte
Einkehrmöglichkeiten: Hittisau

Beschilderung: Känzele *Aussicht* – Kommabrücke – Engenlochschlucht - Hittisau

WEGBESCHREIBUNG. Die Rundwanderung vom Dorfplatz **Hittisau** (790 m) beginnt mit einem Marsch zu einem hübschen Aussichtspunkt, dem „**Känzele**" (830 m) in der Parzelle Häleisen. Vorbei an der **Fatima-Kapelle** (erbaut 1950; Marienstatue in der mit Quelltuff ausgestatteten Apsis) führt der Weg dann hinunter zur Bolgenach (750 m). Hier befindet sich die **Kommaschlucht**, die auf der ca. 300 Jahre alten Kommabrücke überquert wird. Sie ist die älteste gedeckte Holzbrücke Vorarlbergs. Das Dach dient dazu, die Holzbalken vor Regen und Schnee zu schützen.
Danach geht man flussaufwärts, kommt noch an einer kleinen Hängebrücke vorbei (die man aber nicht überquert – oder nur zum Spaß) und erreicht bald die **Engenlochschlucht** mit ihren überhängenden Felsformationen. Seit der letzten Eiszeit hat die Bolgenach über Jahrhunderte den Fels aus Nagelfluhgestein und Sandstein durchschnitten. So entstand die wildromantische Klamm. Auch heute noch gräbt sich die Bolgenach immer tiefer in den Felsen und schafft dabei Kolke, Strudeltöpfe und kleine Schluchten.
Auf einem ebenen Weg durch das freie Feld gelangt man wieder zurück zur Ortsmitte von **Hittisau**.

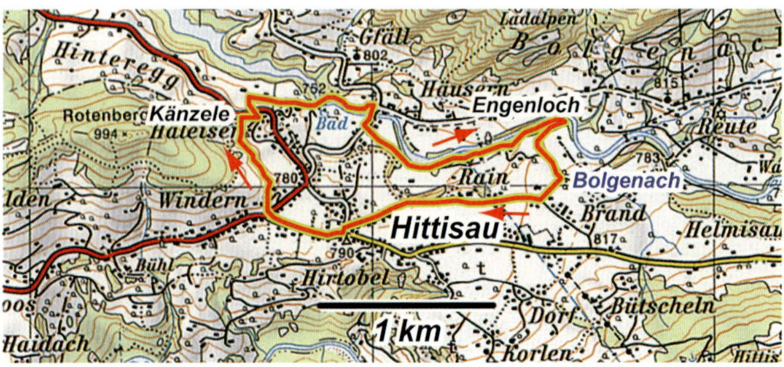

Bolgenach

WASSERWANDERWEG.
Entlang der Bolgenach wurde ein Wasserwanderweg mit Informationstafeln eingerichtet, welche die verschiedensten Bedeutungen von Wasser erläutern. Wasser kann hier bewusst erlebt werden. Daher ist diese Wanderung auch bei Regenwetter besonders reizvoll. Zusätzliche Informationen erhält man in einer Broschüre, die beim Tourismusbüro erhältlich ist.
Die Flüsse im vorderen Bregenzerwald werden auch zur Energiegewinnung genutzt. Dazu wurden von der Vorarlberger Kraftwerke AG (VKW) zwei Stollen gebaut. Der erste führt von der Subersach zur Bolgenach, der zweite von der Bolgenach zur Bregenzerach. Aus diesem Einzugsgebiet werden pro Jahr über 200 Millionen Kilowattstunden Strom erzeugt. Damit können rund 40.000 Haushalte versorgt werden.

In der Engenlochschlucht

Tour 5

HOCHHÄDERICH (1566 m)

Gipfelweg

Hittisau-Reute 830 m – 1¾ Std. ↗ 735 Hm – Hochhäderich 1566 m – 1½ Std. ↘ 735 Hm – Hittisau-Reute 830 m

3¼ Std. ↗ 735 Hm

Ausgangs- und Endpunkt: Hittisau-Reute (kleiner Parkplatz und Bushaltestelle, ca. 40 Minuten Gehzeit von der Ortsmitte entfernt)
Beschilderung: Hochhäderich (über Streichbrunnenalpe und Lochalpe) – Leckenholzalpen – Reute
Einkehrmöglichkeiten: Berggasthof Hochhäderich, Gasthof Alpenrose (Reute)

WEGBESCHREIBUNG. Die Wanderung beginnt in der Hittisauer Parzelle **Reute** (830 m) am Eingang zum Lecknertal. Hier steht die **Kapelle zum hl. Michael**, die einige kunsthistorisch wertvolle Arbeiten aufweist.
Nach einem kurzen Stück entlang der Straße beginnt der Bergwanderweg hinauf zum Hochhäderich. Dabei passiert man zwei Privatalpen, die **Streichbrunnenalpe** (1080 m) und die **Lochalpe** (1220 m). Dann wird der Fußweg bis hinauf zum Berggrat recht steil. Dem Grat entlang führt dann aber ein schöner und breiter Güterweg ohne viel Höhenunterschied hinüber zum **Berggasthof Hochhäderich**, knapp unterhalb

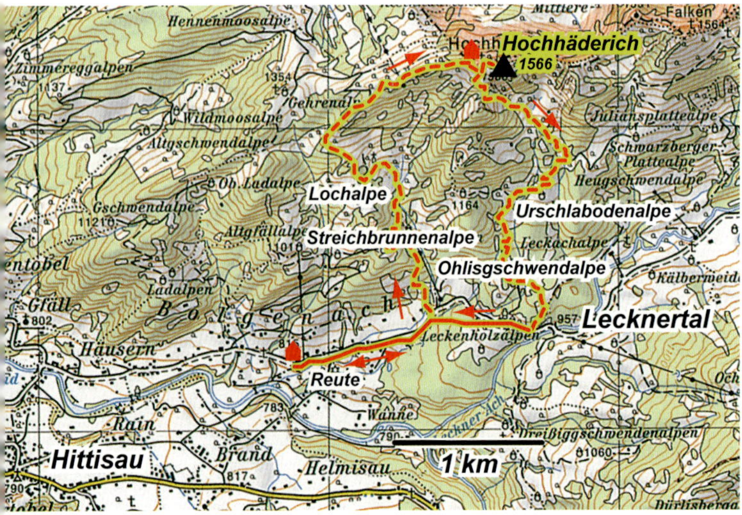

Oben: Hochhäderich-Gipfel mit Berggasthof
Unten: Vieh auf der Urschlabodenalpe

des Gipfels gelegen. Vom **Hochhäderich** (1566 m) hat man eine wunderbare Aussicht sowohl gegen Norden ins Allgäu als auch gegen Süden in den Bregenzerwald.
Der Abstieg ins Tal beginnt direkt beim **Berggasthof**. Dabei ist der erste Abschnitt sehr steil. Man kommt dabei auch an großen Felswänden vorbei, die aus Nagelfluhgestein bestehen und hier in sehr schöner Ausprägung zu sehen sind. Kurz vor der **Urschlabodenalpe** trifft man auf einen breiten Fahrweg, auf welchem man – vorbei an der **Ohlisgschwendalpe** – hinunter zur Straße ins Leckneraltal gelangt. Hier befinden sich die **Leckenholzalpen** und es sind

Nagelfluh-Felswand am Hochhäderich

noch ca. 20 Minuten zurück zum Ausgangspunkt in **Reute**. All diese Alpen sind in Privatbesitz, wie dies im Vorderwald (im Gegensatz zum Hinterwald) großteils der Fall ist.
Knapp unterhalb von Reute befindet sich die **Säge Bartenstein**. Die etwa 200 Jahre alte Wassersäge am Ließenbach war bis 1888 in Betrieb. Nach ihrer Restauration ist sie heute wieder voll funktionstüchtig und steht unter Denkmalschutz (Besichtigung nach Anmeldung möglich). Hier steht auch die Ließenbachbrücke, eine alte gedeckte Holzbrücke, die über die Bolgenach nach Hittisau führt (wer in die Ortsmitte wandern will, braucht dafür ca. 40 Minuten).

NAGELFLUH. 14 Gemeinden im Grenzgebiet Allgäu-Vorderbregenzerwald haben 2008 den „**Naturpark Nagelfluhkette**" gegründet, der sich auf ein Gebiet von rund 400 km² erstreckt. Als Nagelfluh bezeichnet man die wie Nagelköpfe in der Felswand steckenden Gerölle. Es handelt sich dabei um Konglomerate der Molassezone. Sand, Schlamm und Geröll wurden durch Flüsse abgelagert und verfestigten sich zu einer Art „Naturbeton". Dieses widerstandsfähige Gestein wurde noch von der alpinen Faltung erfasst und bis in die Bergregionen „verfrachtet".

Nagelfluhgestein

IM SCHÖNEN LECKNERTAL

Alpweg

Tour 6

Wanderparkplatz Lecknertal 980 m — 1¼ Std. ↗ 260 Hm — Äuelealpe 1240 m — ¾ Std. ↘ 260 Hm — Wanderparkplatz Lecknertal 980 m

2 Std.
↗ 260 Hm

Ausgangs- und Endpunkt: Hittisau-Bolgenach, Wanderparkplatz Lecknertal; Mautstraße von der Parzelle Reute bis zum Parkplatz Lecknertal
Beschilderung: Leckner See – Höflealpe – Neuschwandalpe – Helmingenalpe – Äuelealpe – Obere Koppachalpe – Koppachalpen – Wanderparkplatz
Einkehrmöglichkeiten: Gasthof Höfle, Neuschwandalpe

WEGBESCHREIBUNG. Vom **Wanderparkplatz** (980 m) im Lecknertal spaziert man zuerst auf der Straße gemütlich taleinwärts, vorbei am schön gelegenen **Leckner See**, zur **Höflealpe**. Hier steht auch die **Kapelle Mariä Heimsuchung**, die 1936 fertig gestellt wurde. Das Altarbild („Heimsuchung": Besuch der Gottesmutter Maria bei ihrer Base Elisabeth) stammt vom Egger Kunstmaler Alois Waldner und ist in die Szenerie der umgebenden Bergwelt gesetzt.

Leckner See

Über die **Neuschwandalpe**, wo auch ein „Mini-Zoo" zum Verweilen einlädt, geht es auf dem Güterweg weiter zur **Helmingenalpe**, die sich bereits auf deutschem Staatsgebiet befindet. Hier wendet sich der Weg wieder Richtung Österreich und führt hinauf zur **Äuelealpe** (1240 m), dem höchsten Punkt der Wanderung. Nach dieser Alpe muss ein etwas sumpfiges Gelände überwunden werden, ehe man von den **Koppachalpen** wieder auf einem Güterweg hinunter zum Ausgangspunkt beim **Wanderparkplatz** marschieren kann.

ALPWIRTSCHAFT IM VORDERWALD. Im vorderen Bregenzerwald dominieren kleine Privatalpen (über 150), die wahrscheinlich auch im Zuge der „Vereinödung" entstanden sind (siehe dazu Wanderung Nr. 2). Davon liegen über 100 Alpen in Hittisau, die damit die alpenreichste Gemeinde von ganz Österreich ist. Im Vorderwald ist der Höhenunterschied zwischen den Betrieben im Tal und den Alpen nicht sehr groß. Daher hat sich hier auch keine eigene Zwischenstufe (Vorsäße) entwickelt. Da fast alle Alpen gut mit Fahrzeugen erreichbar sind, werden heute viele dieser Alpen vom Heimbetrieb aus bewirtschaftet. Die Alpzeit ist bei den Privatalpen nicht geregelt. Jeder Bauer kann den Vieh-auf- und -abtrieb selbst bestimmen. Wenn es das Futter zulässt, ist man recht lange auf der Alpe und so sind die Alphütten meist stattliche, große Gebäude.
In Hittisau gibt es ein Alpsennereimuseum mit einer historischen Sennküche.

Höflealpe

Tour 7

FEUERSTÄTTERKOPF (1645 m)

Gipfelweg

Sippersegg 970 m		Bolgenach 945 m		Burglhütte 1428 m		Feuerstätterkopf 1645 m		Sibratsgfäll 930 m
	½ Std. ↘ 25 Hm		1½ Std. ↗ 485 Hm		¾ Std. ↗ 215 Hm		1¾ Std. ↘ 715 Hm	

4½ Std.
↗ 700 Hm
↘ 740 Hm

Ausgangspunkt: Hittisau-Sippersegg, Parkplatz und Bushaltestelle
Endpunkt: Sibratsgfäll, Ortsmitte
Beschilderung: Gerisgschwend – Bibersteinalpe – Burglhütte – Feuerstätterkopf – Bereuters Neualpe – Wildriesalpe – Hocheggalpe – Sibratsgfäll
Einkehrmöglichkeiten: Sippersegg, Burglhütte, Wildriesalpe (Jausenstation Bergblick), Hocheggalpe, Sibratsgfäll

WEGBESCHREIBUNG. Die Parzelle **Sippersegg** (970 m) liegt im Balderschwangertal, knapp vor der Grenze zu Deutschland. Dort steht auch die schön gelegene **Kapelle Mariä Himmelfahrt**, die 1953 im Rundstil erbaut wurde. Da der Kirchgang nach Hittisau und nach Balderschwang sehr lang war, haben die Bauern hier eine eigene Gebetsstätte errichtet. Der bekannte Vorarlberger Künstler Martin Häusle gestaltete das beeindruckende Farbfenster der Kapelle.

Blick vom Feuerstätterkopf zur Burglhütte und ins Balderschwangertal

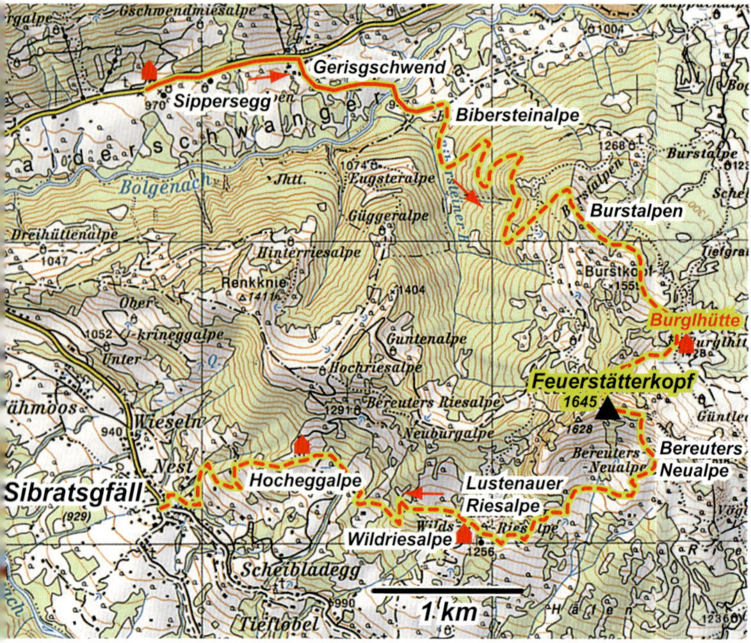

Nach kurzer Strecke entlang der Landesstraße erreicht man die **Alpe Gerisgschwend** und wandert hinab zur **Bolgenach**. Nach der Überquerung (945 m) kommt man ins Gebiet der **Bibersteinalpe.** Hier zweigt ein neu errichteter Forstweg ab. Er führt hinauf zur **Oberen Burstalpe** auf 1450 m. Auf einem schönen Fußweg kann man dann ohne viel Höhenunterschied hinüber zur **Burglhütte** (1428 m) wandern. Von hier ist es nicht mehr weit (Gehzeit ca. 40 Minuten) zum Gipfel des **Feuerstätterkopfes** (1645 m), allerdings müssen dabei 220 Höhenmeter überwunden werden. Obwohl der Gipfel noch unterhalb der Waldgrenze liegt, hat man zwischen den Bäumen noch schöne Ausblicke ins Balderschwangertal und Richtung Hittisau.

Die Wanderung geht nun weiter auf die Südseite des Höhenzuges ins Alpgebiet von Sibratsgfäll. Zuerst erreicht man beim Abstieg **Bereuters Neualpe** (1380 m). Hier genießt man einen Blick von den Allgäuer Alpen im Osten über das Gottesackerplateau mit dem mächtigen Gipfel des Hohen Ifens bis zu Diedamskopf, Hirschberg und Winterstaude. Im Süden sieht man im Tal noch die Hütten des Schönenbachvorsäßes. Auf einem breiten Güterweg kommt man dann zur **Lustenauer Riesalpe**. Hier steht die **Kapelle zum hl. Wendelin**, dem

Schutzpatron der Bauern und des Viehs, die zur Abwehr von Rutschungen erbaut wurde.
Gleich neben der Lustenauer Riesalpe liegt die **Wildriesalpe**, die bei der Rutschung 1999 ca. 70 m mitgerissen wurde. In den letzten Jahren wurde sie neu errichtet und beherbergt nun auch die Jausenstation Bergblick. Von hier führt ein breiter, asphaltierter Fahrweg hinüber zur **Hocheggalpe**, wo auch ein Ausschankbetrieb vorhanden ist. Der letzte Abschnitt der Wanderung (Gehzeit ca. 20 Minuten) führt nun recht steil hinunter in die Ortsmitte von **Sibratsgfäll** (930 m). Dabei hat man schöne Ausblicke auf das Dorf und den Höhenzug Bullersch-Winterstaude.

Burglhütte

RUTSCHGEBIET RINDBERG UND FEUERSTÄTTER-SAGE.

Der Rindberg ist eines der größten Rutschgebiete Vorarlbergs. Die letzte große Rutschung war im Jahr 1999 und riss einige Häuser, Kapellen und Alpgebäude fort. Der ganze Hang oberhalb der Lustenauer Riesalpe und Wildriesalpe bis hinunter zur Parzelle Rindberg war von der Rutschung betroffen. Auch heute noch ist das Ausmaß der Rutschung gut zu sehen. Besonders auffallend ist dabei die schräg gestellte Wendelinkapelle bei der Lustenauer Riesalpe.
Dass es sich hier von alters her um ein unruhiges Gelände handelt, bezeugt folgende Sage:
In den Felsen und Klüften des Feuerstätter Höhenzuges hausten viele Hexen und Männlein. Damit es im Berg drinnen hell und warm blieb, sorgten sie für eine immerwährende Feuerstätte. Daher habe auch der Berg seinen Namen. Manchmal haben diese Hexen und Männlein mit den Bewohnern auch allerlei Unfug getrieben und mit Rutschungen deren Land verunstaltet. Diesem Treiben konnten die Bewohner nur durch Aufstellen von Kreuzen und Kapellen Einhalt gebieten. Tatsächlich ist der Hang bei der letzten großen Rutschung genau unter der Kapelle angebrochen.

Tour 8

DER LINGENAUER QUELLTUFFHANG

Naturlehrweg

Lingenau 670 m – ½ Std. ↘ 70 Hm – Lehrpfad Quelltuff 600 m – 1 Std. ↗ 70 Hm – Lingenau 670 m

1½ Std. ↗ 70 Hm

Ausgangs- und Endpunkt: Lingenau, Parkplatz Hallenbad bzw. Bushaltestelle St. Anna (ca. 10 Gehminuten von der Ortsmitte entfernt)

Beschilderung: Lehrpfad Quelltuff – Rain – St.-Anna-Kapelle

Einkehrmöglichkeiten: Vitalhotel Quellengarten, Lingenau

WEGBESCHREIBUNG. Der Rundweg beginnt bei der barocken **St.-Anna-Kapelle** (670 m). Der Rundbau ist auf Grund seiner Kleeblattform einmalig im Bregenzerwald. Auf einer Straße spaziert man zuerst in die Parzelle **Kapf**. Von dort führt ein schmaler Wiesenweg abwärts in die **Subersachschlucht**. Bald erreicht man dann den Beginn des Lehrpfades mit seinen fünf Informationstafeln zur Geologie und Vegetation dieses Naturschauspiels. Der **Quelltuff** in Lingenau zählt zu den einzigartigsten Kalksinterbildungen nördlich der Alpen und ist somit eine der herausragenden geologischen Erscheinungen in Vorarlberg. Das Wasser fließt über Felsen in kleinen Quellgerinnen bis ins Bachbett der Subersach und bildet dabei se-

Die St.-Anna-Kapelle wurde 1722 aus Quelltuffmaterial erbaut.

henswerte Baldachine und Sintervorhänge. Der **Lehrpfad** führt über einen gut begehbaren Kiesweg mit Holzstegen und -treppen.
Am Ende des Lehrpfades erreicht man das Plateau von Lingenau mit seinen landwirtschaftlich genutzten Wiesen. Auf einem Güterweg gelangt man durch die Parzelle **Rain** zurück zum Ausgangspunkt. Wer nach dieser kurzen Wanderung mehr Lust auf Wasser bekommen hat, der kann hier noch die Wohlfühlangebote (Hallenbad) des Vitalhotels Quellengarten nutzen.

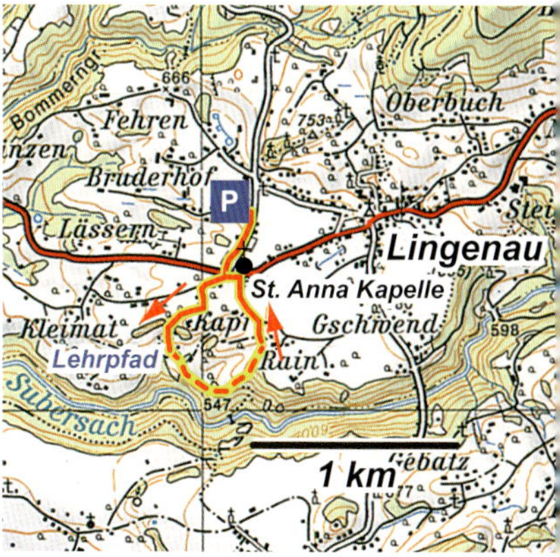

QUELLTUFF. Der Naturlehrpfad führt durch ein eindrucksvolles Quelltuffgebiet. Auf rund 30 m Breite stürzen hier Quellwässer über eine ca. 40 m hohe Geländekante in die Schlucht der Subersach. Es handelt sich hier um die großartigsten Kalksinterbildungen in Europa nördlich der Alpen.
Das Wasser nimmt auf seinem Weg durch den mächtigen Schotterkörper der Lingenauer Schotterterrasse Kalk auf. Durch den Luftkontakt scheiden die Quellwässer Kalksinter ab. Auch Moose und Algen entziehen an den Quellaustritten dem Wasser Kohlendioxid und dies führt zur Ablagerung als echter Quelltuff. Kalksinter und echter Quelltuff bilden meterhohe, pilzförmige Felswände, tropfsteinartige Baldachine und Sinterbecken. Pflanzliche und tierische Reste werden vom Kalk bedeckt und inkrustiert. Das entstehende poröse Gestein wird als Kalktuff, das dichtere als Travertin bezeichnet. Kalktuff ist leicht zu bearbeiten und diente bis in die 50er-Jahre des 20. Jahrhunderts als Baumaterial (z. B. St.-Anna-Kapelle).

Quelltuffhang

Tour 9

DURCH DIE SUBERSACHSCHLUCHT

Historischer Weg

Lingenau 685 m		Gschwendtobel 600 m		Stocker 730 m		Drahtsteg 550 m		Lingenau 685 m
	½ Std. ↘ 85 Hm		½ Std. ↗ 130 Hm		1 Std. ↘ 180 Hm		¾ Std. ↗ 135 Hm	

2¾ Std.
↗ 265 Hm

Ausgangs- und Endpunkt: Lingenau-Ortsmitte
Einkehrmöglichkeiten: Großdorf, Lingenau

Beschilderung: Gschwendtobel – Stocker – Großdorf – Drahtsteg – Lingenau

WEGBESCHREIBUNG. Von der Ortsmitte **Lingenau** (685 m) spaziert man zuerst auf dem Gehsteig entlang der Straße Richtung Süden. Kurz vor der Hochbrücke führt die Straße hinunter ins **Gschwendtobel** (596 m). Bis zum Bau der Hochbrücke 1982 war dies die einzige Straßenverbindung zwischen dem vorderen und mittleren Bregenzerwald. Eine **gedeckte Holzbrücke**, die von Alois Negrelli in den 1830er-Jahren erbaut wurde, führt die Wanderer über die Subersach. Die Brücke gilt heute noch als ein Meisterwerk der Ingenieur- und Zimmermannskunst. Danach schlängelt sich die Straße wieder das Gschwendtobel hinauf und man folgt dem Wegweiser in die Parzelle **Stocker** (730 m). Auf einer wenig befahrenen Straße gelangt man hinunter in die Ortsmitte von **Egg-Großdorf** (662 m), wo sich eine Rast in einem der traditionsreichen Wirtshäuser anbietet.

Danach spaziert man über das schöne, ebene **Großdorfer Feld**, erreicht bald wieder die bewaldete Schlucht der **Subersach** und steigt hinab zum Fluss. Diesmal wird er auf einem schmalen **Drahtsteg** überquert. Vor dem Bau der Straße durch das Gschwendtobel war dieser Fußweg bis ins 19. Jahrhundert die einzige Verbindung zwischen Lingenau und Egg. Nach einem neuerlichen Anstieg erreicht man über die Parzelle **Rain** wieder die Ortsmitte von **Lingenau**.

Blick von Gebatz (Großdorf) auf Lingenau

BAUMEISTER NEGRELLI

Der aus dem Trentino stammende Alois Negrelli (1799–1858) wurde als Planer des Suezkanals weltberühmt. Von 1822 bis 1832 war der Ingenieur und Konstrukteur auch in Vorarlberg tätig. Im Bregenzerwald plante er u. a. die Straße durch das Gschwendtobel, welche 1833–1835 gebaut wurde. Bis zum Bau der Hochbrücke (erbaut 1982; Pfeilerbrücke, die das Tal der Subersach in einer Höhe von 106 m überspannt) war sie die wichtigste Verbindung zwischen dem Vorder- und Mittelwald. Negrelli war aber auch beim Bau der Arlbergstraße und der Schwarzachtobelstraße sowie bei der Regulierung von Rhein, Ill und Dornbirner Ache beteiligt. Auch einige Kirchen, wie die Pfarrkirche von Sulzberg, wurden von ihm entworfen.

Gschwendtobelbrücke

Blick von der Bödelestraße in den Mittelwald

MITTELWALD

Tour 10 bis 17

Tour 10

BRÜGGELEKOPF (1182 m)

Gipfelweg

Alberschwende 722 m — 1¾ Std. ↗ 185 Hm — Kaltenbrunnen 905 m — 1 Std. ↗ 275 Hm — Brüggelekopf 1182 m

2¾ Std. ↗ 460 Hm

Ausgangspunkt: Alberschwende-Ortsmitte
Endpunkt: Bergstation Bergbahn Brüggelekopf
Beschilderung: Kaltenbrunnen – Brüggele
Einkehrmöglichkeiten: Alberschwende, Kaltenbrunnen, Brüggele

WEGBESCHREIBUNG. Von der Ortsmitte von **Alberschwende** (722 m) führt ein schöner, aussichtsreicher Weg oberhalb der Landesstraße in die Parzellen **Lanzen** und **Tannen**. Nach Tannen beginnt ein schmaler Feldweg, der uns in die abgelegene Bergparzelle **Vöglen** bringt. Von dort ist es nicht mehr weit hinauf nach **Kaltenbrunnen** (905 m), wo man einen wunderbaren Ausblick in den mittleren Bregenzerwald genießt. Oberhalb von Kaltenbrunnen wandert man durch eine Feriensiedlung und gelangt dann nach einer kurzen Strecke im Wald in das Alpgebiet um den **Brüggelekopf**.

Vom Brüggelekopf hat man einen herrlichen Panoramablick in den Hinterwald

Blick von Kaltenbrunnen auf Lingenau und Hittisau, rechts die Subersachschlucht

Knapp unterhalb des Gipfels liegt der Alpengasthof Brüggele. Von hier sind es nur mehr 5 Minuten zum Gipfel (1182 m), der einen herrlichen Ausblick hinaus auf den Bodensee bietet. Mit dem **Sessellift** (Einersessel) gelangt man wieder hinunter zur Ortsmitte von **Alberschwende**.

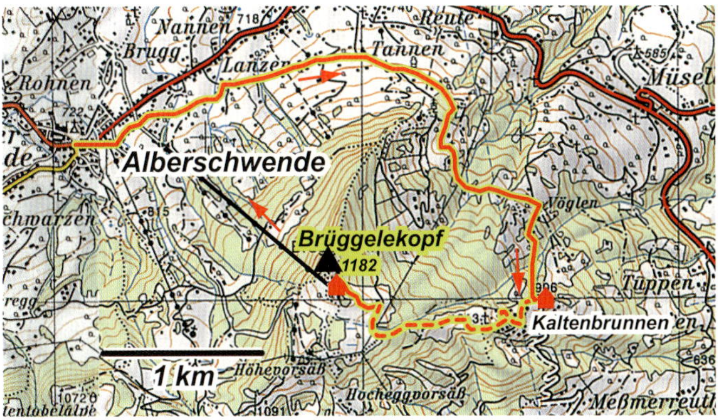

Tour 11

AUF DEN SPUREN VON MERBOD, DIEDO UND ILGA

Sagenweg

Alberschwende 722 m – 2½ Std. ↗ 370 Hm – Oberer Geißkopf 1090 m – 1¼ Std. ↘ 395 Hm – Schwarzenberg 696 m – ¾ Std. ↘ 145 Hm – Bregenzerach 550 m – ½ Std. ↗ 65 Hm – Andelsbuch 615 m

5 Std.
↗ 435 Hm
↘ 540 Hm

Ausgangspunkt: Alberschwende-Ortsmitte
Endpunkt: Andelsbuch-Ortsmitte
Einkehrmöglichkeiten: Gasthäuser in Alberschwende, Schwarzenberg und Andelsbuch
Beschilderung: Lorenapass – Richtung Bödele über Unterer Geißkopf – Gmeind – St.-Ilga-Kapelle – Schwarzenberg – Rain – Stausee Ach - Andelsbuch

WEGBESCHREIBUNG. Der Sagenweg bringt uns zu den Wirkungsstätten der drei seligen Geschwister Merbod (Alberschwende, Merbodkapelle), Ilga (Schwarzenberg, Ilgakapelle und Quelle) und Diedo (Andelsbuch, Diedobrunnen östlich der Pfarrkirche). Informationstafeln entlang des Weges erzählen deren Geschichte und Wundertaten.
Von **Alberschwende** (722 m) führt der Weg aufwärts zur Parzelle **Greban** und danach auf geteerter Straße zum **Lorenapass** auf 1045 m. Von hier verläuft ein Güterweg ins Vorsäß- und Alpgebiet am Geißkopf. Am **Oberen Geißkopf** (1090 m) führt die Route wieder abwärts. Nach Querung der Landesstraße wandert man durch einen alten Hohlweg in die Parzelle **Gmeind** und erreicht dann auf aussichtsreichem Pfad die **Ilgakapelle**. Im anschließenden Wald

Merbodkapelle in Alberschwende

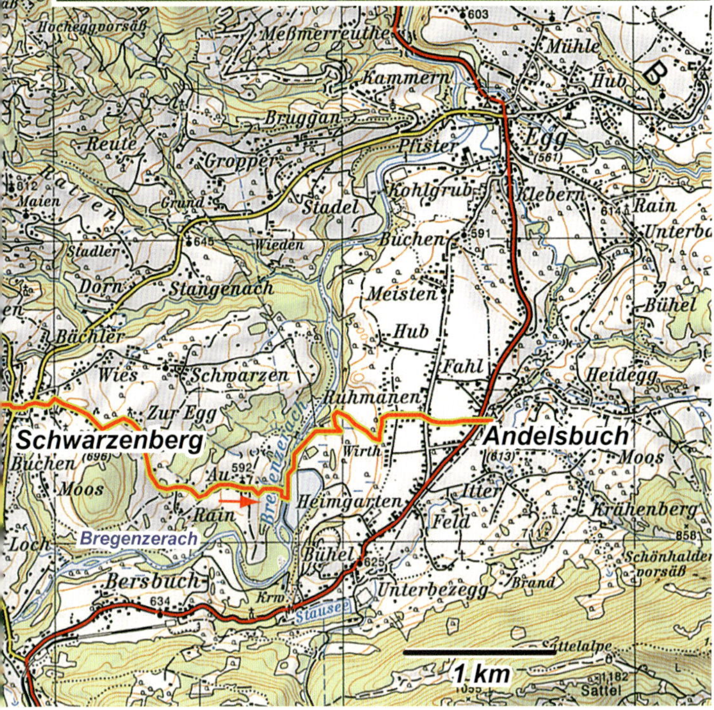

Blick auf Schwarzenberg, im Hintergrund der Hochhäderich-Höhenzug

entspringt die **Ilgaquelle** mit ihrem Heilwasser und der Pfad mündet bald darauf in einen Güterweg, der abwärts in die Ortsmitte von **Schwarzenberg** (696 m) führt. Auf einer wenig befahrenen Fahrstraße geht man zunächst eben und dann hinab zur **Bregenzerach** (550 m), dem tiefsten Punkt der Wanderung. Schon im 19. Jahrhundert wurde hier als Übergang über den Fluss eine „Luftseilbahn" errichtet. Sie gilt als erste Seilbahn Österreichs, wurde 1873 gebaut und war fast 100 Jahre bis 1962 in Betrieb. Ein Fährmann zog dabei händisch den Wagen (maximal vier Personen) über die ca. 40 m breite Bregenzerach. Nach dem Bau des Ausgleichbeckens (Stausee Ach) für das Kraftwerk Alberschwende errichteten die VKW einige Meter flussaufwärts einen Steg, über welchen der Fußgänger heute die Ach überquert. Auf einem schönen Feldweg gelangt man schließlich hinauf zur Ortsmitte von **Andelsbuch** (615 m).

Wanderweg an der Bregenzerach

DIE DREI SELIGEN GESCHWISTER MERBOD, ILGA UND DIEDO

Der Sage nach entstammten die drei seligen Geschwister Merbod, Diedo und Ilga dem Bregenzer Grafenhause und waren damit auch nahe Verwandte des heiligen Gebhard. Sie trugen wesentlich zur Christianisierung des Bregenzerwaldes bei, besonders in Alberschwende, Schwarzenberg und Andelsbuch.

Das Wirken des seligen **Merbod** ist urkundlich seit dem Jahr 1100 in Alberschwende nachgewiesen. Er war ein strenger Benediktinermönch des Klosters Mehrerau. Die Bauern meinten, er wolle ihnen in seinem Glaubenseifer ihre Frauen und Kinder abspenstig machen, und so wurde er 1120 ermordet. An ebenjener Stelle sei die Merbodkapelle errichtet worden. Die Alberschwender nennt man im Volksmund auch heute noch beim Übernamen „Merbodtöter".

Der selige **Diedo** erbaute in Andelsbuch eine Einsiedlerhütte. Er war ein frommer Mann und versank jede freie Minute in Andacht und Gebet. Man erzählt auch, dass er eine große Liebe zu allen Geschöpfen empfand. So kamen auch Waldtiere in seine Einsiedelei.

Er starb 1080 und über seinem Grab wurde die Pfarrkirche von Andelsbuch errichtet. Ein Schrein im Volksaltar birgt die Reliquien des Seligen. Hinter der Pfarrkirche steht der Diedobrunnen.

Die selige **Ilga** verließ ihre Heimat, um sich in der Wildnis oberhalb von Schwarzenberg dem Gebet und der Betrachtung widmen zu können. Bei ihrer Behausung entstand die Ilgaquelle, die heilkräftiges Wasser spendet und besonders Augenleiden lindern soll. Sie starb 1115 und über ihrem Grab wurde die Pfarrkirche von Schwarzenberg errichtet. In der Kirche sind in einem Rokokoschränkchen ihre Gebeine aufbewahrt. Nahe der Ilgaquelle wurde eine Kapelle errichtet.

Ilgaquelle

Tour 12

HOCHÄLPELE (1463 m)

Gipfelweg

Bödele 1140 m	Hochälpele 1463 m	Schwarzenberg 696 m
1¼ Std. ↗ 325 Hm	2 Std. ↘ 770 Hm	

3¼ Std. ↗ 325 Hm ↘ 770 Hm

Ausgangspunkt: Bödele (Parkplatz)
Endpunkt: Schwarzenberg-Ortsmitte (mit dem Bus gelangt man wieder auf das Bödele)

Beschilderung: Hochälpele; für den Abstieg siehe Variante A und B
Einkehrmöglichkeiten: Bödele, Meierei (Oberlosealpe), Hochälpelehütte, Lustenauer Hütte, Schwarzenberg

WEGBESCHREIBUNG. Vom **Bödele** (1140 m) führt der Weg vorbei an einer Sommerfrischekolonie, die hier bereits 1901 von der Dornbirner Fabrikantenfamilie Hämmerle errichtet wurde. Auf einem breiten Güterweg wandert man zunächst hinauf zur **Oberlosealpe**. Hier beginnt der Anstieg zum **Lank** (1368 m). Dieser steile Hang

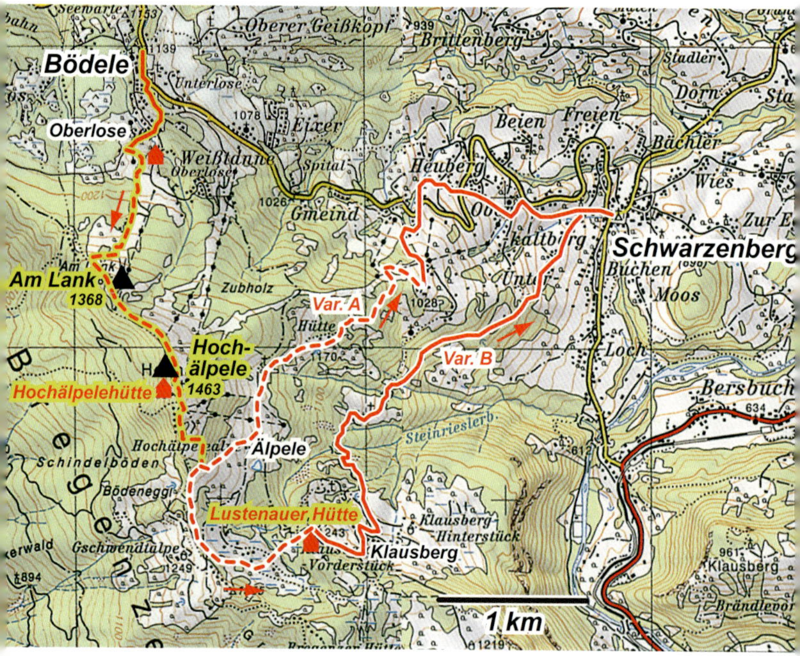

Älpele mit Kapelle und Teich

wurde schon kurz nach 1900 zum Skifahren genutzt. Am Lank-Gipfel steht ein Kreuz, bei dem man eine herrliche Sicht zum Bodenseegebiet hat. Von hier wandert man nun auf einem schmalen Weg entlang des Bergkammes hinauf zum Gipfel des **Hochälpele** (1463 m). Hier kann man einen wunderschönen Blick in den Bregenzerwald mit seiner Gebirgswelt genießen.

Für den Abstieg nach Schwarzenberg (696 m) bieten sich zwei gleich lange Möglichkeiten an (Gehzeit jeweils 2 Stunden):

A) Beschilderung: Schwarzenberg über Hütte

Vom Hochälpele führt ein breiter Güterweg hinunter zur **Hochälpelealpe** (auch nur Älpele genannt), die auf einer schönen Ebene mit einer Kapelle und einem kleinen See liegt. Hinunter ins Dorf führt der Weg über das **Hüttevorsäß** zur Parzelle **Gmeind** und von dort mit schönen Ausblicken weiter in die Ortsmitte von **Schwarzenberg**.

B) Beschilderung: Lustenauer Hütte über Gschwendsattel – Schwarzenberg

Vom Hochälpele wandert man zunächst zum **Gschwendtsattel**. Danach gelangt man durch das wundervolle, abgelegene Feuchtgebiet Wautegg mit interessanter Vegetation zur **Lustenauer Hütte** (1250 m). Von dort führt ein breiter Güterweg (Gehzeit 1¼ Stunden) bis hinunter ins Dorf Schwarzenberg. Dabei wandert man durch das Gebiet des **Klausbergvorsäßes**, einem großen Gemeinschaftsvorsäß mit zahlreichen Hütten. Hier halten sich die Bauern mit ihrem Vieh für einige Wochen im Frühjahr und im Herbst auf. Im Sommer werden die Weideflächen gemäht.

Tour 13

DER ACHAUEN-RUNDWEG

Kulturweg

Schwarzenberg 696 m — ¾ Std. ↘ 150 Hm — Bregenzerach 545 m — 1¼ Std. ↗ 150 Hm — Schwarzenberg 696 m

2 Std. ↗ 150 Hm

Ausgangs- und Endpunkt: Schwarzenberg-Ortsmitte
Einkehrmöglichkeit: Schwarzenberg

Beschilderung: *Achauen-Rundweg* (Schwarzen – Au – Rain – Kräherau – Moos – Schwarzenberg)

WEGBESCHREIBUNG. Vom Kirchplatz **Schwarzenberg** (696 m) geht man zunächst entlang des „**Eschweges**“ bis in die Parzelle Schwarzen. Der Eschweg ist ein alter kirchlicher Prozessionsweg, der von Schwarzen hinüber in die Parzelle Zur Egg und wieder zurück zur Pfarrkirche führt. Die Prozession wird auch heute noch immer an „Christi Himmelfahrt“ durchgeführt. Dabei gibt es vier Stati-

Schwarzenberg mit Gasthöfen, Tanzhaus und Kirche

Bregenzerach bei Kräherau

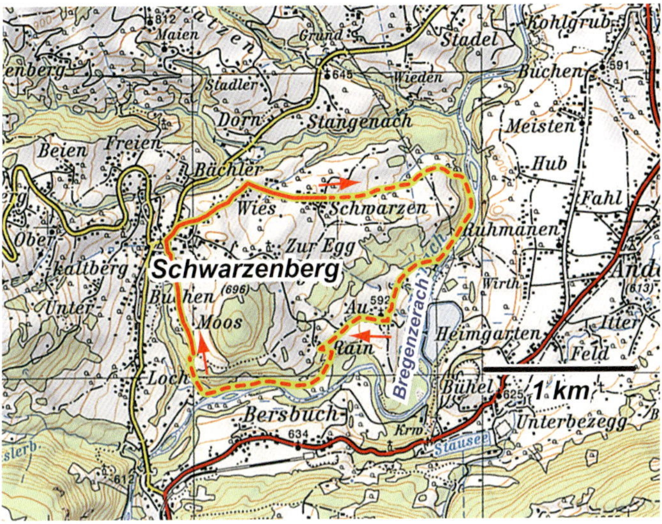

Altes Bregenzerwälderhaus in Schwarzenberg

DIE MALERIN ANGELIKA KAUFFMANN (1741–1807)

Angelika Kauffmann wird am 30. Oktober 1741 in Chur als Tochter des Malers Johann Joseph Kauffmann aus Schwarzenberg und der Churerin Cleopha Luz geboren. Sie wird zuerst vom Vater unterwiesen, startet ihren außerordentlich steilen Karriereweg als Malerin in Italien und setzt ihn in London und schließlich in Rom fort, wo sie am 5. November 1807 stirbt. Zu ihren Auftraggebern zählte auch der europäische Hochadel.

Das Museum in Schwarzenberg beherbergt ein komplett original eingerichtetes Wälderhaus mit Trachtenstücken, Tonwaren, religiöser Kleinkunst, Musikinstrumenten, Waffen und Milchverarbeitungsgeräten.

Das Angelika-Kauffmann-Museum im selben Gebäude zeigt einige Original-Ölgemälde und zahlreiche nach ihren Werken ausgeführte Kupferstiche. Besonders sehenswert sind aber Angelika Kauffmanns zwölf Apostelköpfe, die sie im Alter von 16 Jahren malte, und das Hochaltarbild in der Pfarrkirche Schwarzenberg.

Angelika-Kauffmann-Museum: Mitte Mai bis Ende Oktober geöffnet, Di bis So 10–18 Uhr, Tel. 05512/3570

onen mit Lesungen aus dem Evangelium: bei der Lourdes-Kapelle (Schwarzen) und bei Wegkreuzen.

Von Schwarzen wandert man aber geradeaus weiter auf einem Feldweg, der durch ebenes und landwirtschaftlich genutztes Gebiet führt. Besonders im Frühling lohnt sich diese Wanderung durch prachtvolle Blumenwiesen, die hier vor der ersten Mahd zu sehen sind. Danach beginnt der Abstieg ins Tal der **Bregenzerach** und man wandert dann flussaufwärts, wo auch kleine Tümpel zu einem kühlen Bad einladen.

Nach dieser angenehm kühlen Strecke im Schluchtwald entlang des Flusses beginnt wieder der Aufstieg in die Parzelle **Au**. Nach einigen Gehminuten auf der asphaltierten Straße erreicht man die Parzelle **Rain** (610 m) und steigt dann abermals ab zur **Bregenzerach**. Der Fußweg führt entlang der Achschlucht in die Parzelle **Kräherau** (580 m). Dort wandert man bergwärts durch die Parzelle **Moos** wieder hinauf in die Ortsmitte von **Schwarzenberg**.

In diesem idyllischen Bregenzerwälderdorf sind besonders der Kirchplatz mit seinen schönen Gasthäusern und der alten Tanzlaube, die Pfarrkirche mit Gemälden von Angelika Kauffmann und das nahe gelegene Heimatmuseum sehenswert.

Pfarrkirche Schwarzenberg mit dem Hochaltarbild von Angelika Kauffmann

Tour 14

BREGENZERACH UND STAUSEEN

Wasserweg

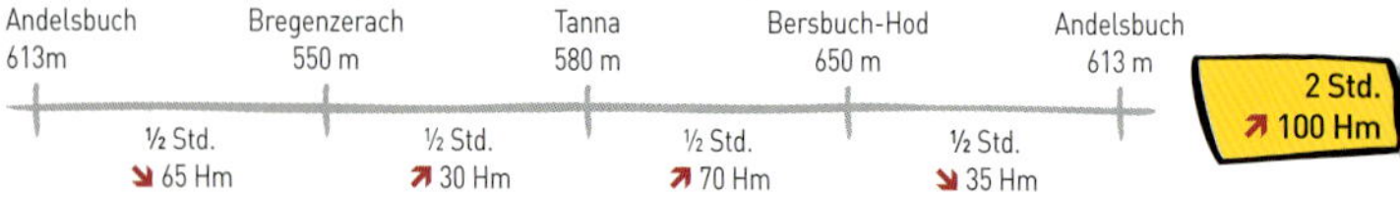

Ausgangs- und Endpunkt: Andelsbuch-Ortsmitte
Einkehrmöglichkeiten: Tanna, Bersbuch, Andelsbuch

Beschilderung: Stausee Ach – Kraftwerk – Tanna – Bersbuch – Stausee Bezegg – Andelsbuch

WEGBESCHREIBUNG. Nach Verlassen der ebenen Siedlungsfläche von **Andelsbuch** (613 m) wandert man durch ein schönes, weites Feld hinunter zum **Stausee Ach** (550 m), direkt an der Bregenzerach gelegen. Entlang der Staumauer führt der Weg dann weiter zum imposanten Kraftwerksgebäude. An dieser Stelle macht die Bregenzerach eine „Schlinge" und es gibt hier schöne Badetümpel im Flussbett. Idyllisch liegt im Ufergebiet die Jausenstation **Tanna**, die mit einem kleinen Fischteich zur Rast einlädt. Danach führt der Weg hinauf in den Ortsteil **Bersbuch** (634 m), wo man nach Querung der Hauptstraße über die „**Hod**" (650 m) zum **Stausee Bezegg** wandert. Auf der alten Trasse der Bregenzerwaldbahn spaziert man gemütlich zurück in die Ortsmitte von **Andelsbuch**.

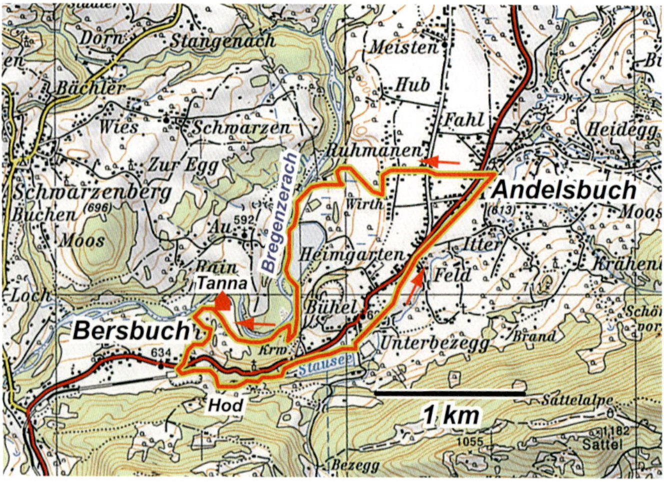

Stausee Ach

KRAFTWERK BERSBUCH

Die Stromerzeugung ist ein wichtiger Teil der Bregenzerwälder Wirtschaft. Wasserkraft wurde früher zum Antrieb von Mühlen und Sägen benutzt und es gab 120 Kraftwerke an der Bregenzerach und ihren Seitenbächen. Rund 40 sind heute noch in Betrieb, so z. B. das historische Kraftwerk „Simma, Natter & Co." in Au-Argenzipfel. Das 1908 in Betrieb genommene Kraftwerk Andelsbuch zählte damals zu den größten Wasserkraftwerken der österreichisch-ungarischen Monarchie. Heute bringt es eine Jahresleistung von ca. 51 Mio. KWh.

Stausee Bezegg

Tour 15

PANORAMARUNDWEG NIEDERE

Familienweg

Bergstation Niedere 1530 m — ¾ Std. ↗ 180 Hm — Niedere Höhe 1711 m — ¾ Std. ↘ 180 Hm — Bergstation Niedere 1530 m

1½ Std. ↗ 180 Hm

Ausgangs- und Endpunkt: Andelsbuch, Bergstation Bergbahn (Gehzeit von der Ortsmitte zur Talstation: ca. 20 Minuten)

Wegverlauf: Panoramarundweg – Sessellift

Einkehrmöglichkeiten: Talstation, Panoramarestaurant Baumgarten, Alpengasthof Niedere

WEGBESCHREIBUNG. Die Bergbahnen **Andelsbuch** (Sessellift) fahren in zwei Teilstrecken hinauf zur **Bergstation** (1530 m) auf der **Niedere**, dem Andelsbucher Hausberg. Neben einer prachtvollen Aussicht, die man auf dem Panoramarundweg genießt (höchster Punkt ist die Niedere Höhe auf 1711 m), hat man während der gemütlichen Wanderung auch Zeit, die schöne Alpenflora zu studieren. Tafeln entlang des Weges informieren über die Alpgeschichte dieses Gebietes.

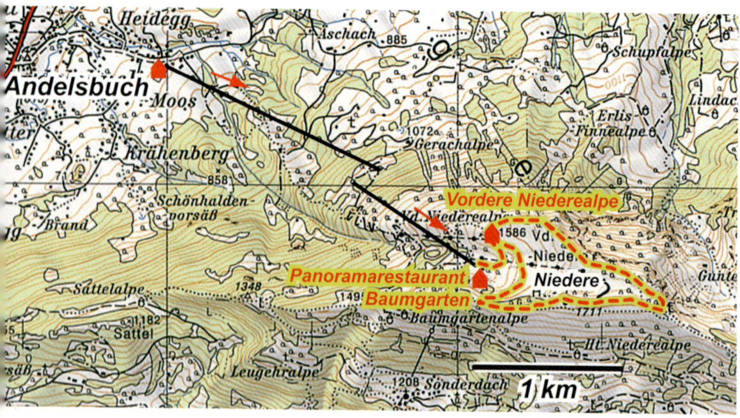

Ob man den Rundweg im oder gegen den Uhrzeigersinn wandert, bleibt der persönlichen Vorliebe überlassen. Im Sommer ist bei der Niederealpe die Besichtigung der Sennerei möglich. Bei der Alpe befindet sich auch ein Paragleiter-Startplatz. Dabei hat man die Möglichkeit, die spektakulären Starts aus nächster Nähe zu beobachten. Zu diesem Panoramarundweg auf der Niedere gelangt man auch mit der Seilbahn Bezau, deren neue Bergstation Baumgarten (seit 2010 in Betrieb) direkt am Rundweg liegt.

FLORA UND KARST. Entlang des Weges blühen je nach Jahreszeit prachtvolle Alpenblumen. Da es sich teils auch um sumpfiges Gelände handelt, kommen auch kleine Tümpel, Pilze und Pflanzen vor, die solche Feuchtgebiete lieben. Zu sehen gibt es etwa den Gelben Enzian, der im Sommer große Teile der Weidefläche bedeckt. Im oberen Bereich bei der Niedere Höhe sind „Teppiche" mit Alpenrosen zu sehen. Weiters finden sich u. a. Glockenblumen, Arnika, Teufelskralle, „Strubobuobo" (verblühte Anemonen), Wollweide und weniger auffallend die kleine Blutwurzpflanze.
Geologisch betrachtet befinden wir uns hier in der helvetischen Zone mit Kalkgestein aus der Kreidezeit. Da Kalk stark wasserlöslich ist, löst es den Stein auf und es bilden sich kleine und größere Karstformen. So sind im oberen Teil des Rundweges eindrucksvolle Dolinen (Karstlöcher) zu sehen. Für die Alpwirtschaft ist ein Karstgebiet nicht sehr günstig, da oft Wassermangel auftreten kann.

Gelber Enzian

Doline

Tour 16

IN DEN EGGER BERGEN

Alpweg

Schetteregg 1070 m — 1 Std. ↗ 150 Hm — Obere Falzalpe 1220 m — ¼ Std. ↗ 80 Hm — Ochsenhofalpe 1300 m — ¾ Std. ↘ 230 Hm — Schetteregg 1070 m

2 Std. ↗ 230 Hm

Ausgangs- und Endpunkt: Egg-Schetteregg, Parkplatz und Bushaltestelle
Einkehrmöglichkeiten: Schetteregg, Falzalpen

Beschilderung: Eggatsbergvorsäß – Hammeratsbergvorsäß – Untere Falzalpe – Obere Falzalpe – Landamanns Ochsenhofalpe – Brongenalpe – Schetteregg

WEGBESCHREIBUNG. Das Gebiet von Schetteregg ist mit seinen Ferienhaussiedlungen ein Naherholungsgebiet von Egg, in welches man auch mit einem Wanderbus gelangen kann.
Die Wanderung beginnt in **Schetteregg** (1070 m) und führt zunächst zu den schön gelegenen Vorsäßsiedlungen von **Eggatsberg** und **Hammeratsberg**. In einer Gemeinschaftssennerei, die direkt an der Grenze zwischen diesen beiden Vorsäßen liegt, wird die Milch im Frühjahr und Herbst zu Käseprodukten verarbeitet. Nach ungefähr 20 Minuten Gehzeit erreicht man dann – mit wunderbarem Blick auf die Winterstaude (1877 m) – das Alpgebiet der **Falzalpen**. Die untere und obere Falzalpe (1220 m) sind große Gemeinschaftsalpen, auf denen sich im Sommer insgesamt ca. 150 Kühe befinden und

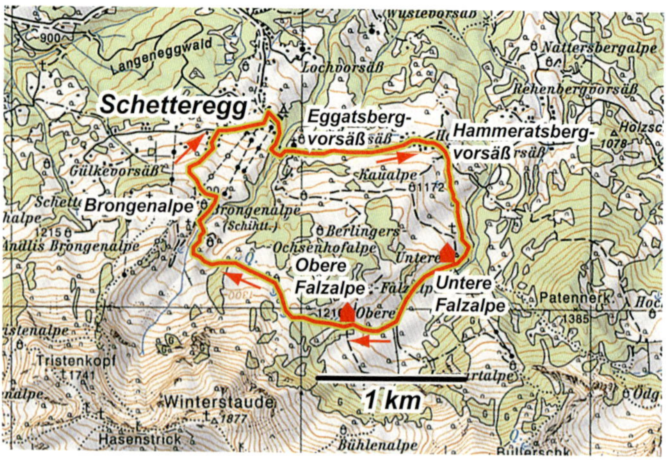

Eggatsbergvorsäß

VORSÄSS- UND ALPWIRTSCHAFT IM MITTELWALD

Im Bregenzerwald hat sich eine Dreistufenwirtschaft entwickelt. Die Bauern ziehen mit ihrem Vieh im Frühjahr von ihrem Heimbetrieb im Tal zunächst ins Vorsäß. Im Sommer kommt das Vieh dann auf die noch höher gelegenen Alpen und im Herbst wieder zurück ins Vorsäß. Dabei gibt es Privat- oder Gemeinschaftsbesitz. Bei Letzterem ist das Vorsäß bzw. die Alpe im Eigentum mehrerer Nutzungsberechtigten oder einer Agrargemeinschaft. Auf einem Gemeinschaftsvorsäß darf jeder Berechtigte seine eigene Hütte bauen und es kommt daher zu richtigen Siedlungen, oft auch mit einer Kapelle. Insgesamt gibt es im Bregenzerwald über 270 Vorsäße und über 420 Alpen. Im Mittelwald existieren ca. 140 Privatvorsäße und 40 Gemeinschaftsvorsäße.

Bei den Alpen unterscheidet man zwischen

Galtalpe: Alpe mit Jungvieh, das keine Milch gibt

Melkalpe: Alpe mit Kühen und Jungvieh; die Milch wird nicht vor Ort verarbeitet

Sennalpe: Alpe mit Kühen und Jungvieh; die Milch wird auf der Alpe zu Butter und Käse verarbeitet; die Molke ist Futter für die Alpschweine die beide auch eine eigene Sennerei (Besichtigung möglich) haben. Nach den Falzalpen steigt man noch weiter hinauf auf den Bergrücken und erreicht dann das Gebiet der **Ochsenhofalpe**. Über die **Brongenalpe** gelangt man schließlich wieder zurück zum Ausgangspunkt **Schetteregg**.

„KÄSESTRASSE BREGENZERWALD" . Die „KäseStrasse Bregenzerwald" ist eine Marke für die ländliche silofreie Region Bregenzerwald mit einem Netzwerk von Erzeugern und Vermarktern. Mitglieder sind Landwirte (Hofläden), 17 Sennereien, über 90 Sennalpen, zahlreiche Gasthäuser und Lebensmittelgeschäfte. In Andelsbuch wurde ein „Käsehaus" eröffnet, wo Käsespezialitäten erworben und verkostet werden können.
In Hittisau entstand ein Alpsennereimuseum mit einer funktionsfähig eingerichteten, historischen Alpsennküche, welche die Arbeitsweise und Gerätschaften der Käseherstellung und Milchverarbeitung im Bregenzerwald zeigt.
In Schoppernau gibt es eine Schau- und Erlebnissennerei und in Sulzberg die „Käse-Rebellen", die Produkte der modernsten Sennerei Vorarlbergs präsentieren.
In Lingenau steht der moderne Bregenzerwälder Käsekeller, in dem Tausende von Käselaiben bis zur Reifung lagern. Dazu gibt es Informationen zur Käsekultur mit Filmvorführung und Verköstigung.
www.kaesestrasse.at

Alpsennerei: Senn bei der Käsepresse

Tour 17

ÜBER DIE BEZEGG

Historischer Weg

Bersbuch 635 m		Bersbuch-Hod 650 m		Stausee Bezegg 610 m		Bezegg 780 m		Bezau 650 m
	¼ Std. ↗ 15 Hm		¼ Std. ↘ 40 Hm		1 Std. ↗ 170 Hm		½ Std. ↘ 130 Hm	

2 Std.
↗ 185 Hm
↘ 170 Hm

Ausgangspunkt: Bersbuch, Bahnhof Museumsbahn
Endpunkt: Bezau, Bahnhof Museumsbahn

Beschilderung: Bersbuch – Bezegg – Bezau
Einkehrmöglichkeiten: Bersbuch, Bezau

WEGBESCHREIBUNG. Vom ehemaligen Bahnhof Schwarzenberg (635 m) beim Gasthof Ritter in **Bersbuch** spaziert man zunächst ca. 15 Minuten lang auf der alten Landesstraße durch Bersbuch, vorbei an der Kapelle bis zum **Gasthof Engel**. Hier verlässt man die Straße und wandert auf einem Güterweg leicht aufwärts in die Parzelle **Hod** und dann wieder leicht abwärts zum **Stausee Bezegg** (610 m). Nach dem Stausee führt die historische Straße hinauf auf die **Bezegg** (780 m), einem alten Passübergang in den hinteren Bregenzerwald, der besonders durch den Standort des Rathauses der ehemaligen „Wälderrepublik" große Bedeutung hatte. Hier steht auch eine Kapelle, zu der von Bezau herauf ein Kreuzweg führt.

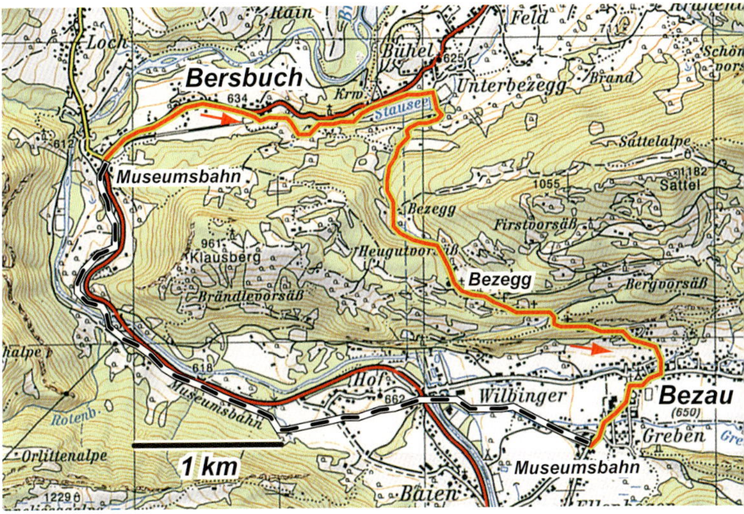

Bezau mit Kanisfluh

BEZEGGSUL. Die Bezegg-Sul wurde 1871 errichtet und erinnert an das Rathaus, das hier seit dem Mittelalter bis zum Jahr 1807 stand. Es war ein auf Pfählen erbauter Saal mit angebautem Schopf (Toilette), der nur über eine Leiter Zugang hatte. In ihm wurden die Gesetze des Bregenzerwaldes beschlossen. Die Gerichtspersonen (Landammann, Räte, Waibel und Landschreiber) und 48 Abgeordnete wurden durch Entfernen der Leiter so lange eingesperrt, bis sie zu einer Einigung kamen. Die Verpflegung bestand nur aus einem Eimer Wasser und die Verhandlungen mussten innerhalb eines Tages abgeschlossen sein.

Bezeggsul

Auf einem schön angelegten Fahrweg gelangt man schließlich mit schönen Ausblicken hinunter nach **Bezau** (650 m). Der Weg führt durch das Dorf mit sehenswerter Pfarrkirche zum alten Bahnhof der Bregenzerwälderbahn.

Auf der Teilstrecke bis Bersbuch verkehrt heute noch die **Museumsbahn** und man gelangt damit auf bequeme und nostalgische Weise zurück zum Ausgangspunkt.

DAS „WÄLDERBÄHNLE".
Jahrhundertelang wurde der Warentransport in und aus dem Bregenzerwald über schmale Saumpfade abgewickelt. Erst im 19. Jahrhundert wurden breitere Wege für Pferdefuhrwerke angelegt. 1891 ersuchte man in Wien um die Bewilligung einer Schmalspurbahn von Bregenz nach Bezau. Im Jahre 1900 begannen schließlich die Bauarbeiten und 1902 konnte die 35,4 km lange Strecke feierlich eröffnet werden. 18 Bahnhöfe säumten den Weg.
Mit dem Aufkommen von Postbussen und dem Ausbau von Straßen verlor die Bregenzerwaldbahn allmählich an Attraktivität, zumal die Haltestellen teils weit von den Dörfern entfernt lagen. 1980 wurde der Bahnbetrieb infolge von Steinschlägen eingestellt. 1985 wurde der Verein „Museumsbahn" gegründet und seit 1987 besteht ein Zugverkehr (mit Dampf- oder Diesellokomotiven) auf der 5 km langen Strecke von Bezau nach Bersbuch zum ehemaligen „Bahnhof Schwarzenberg". 2003 wurde noch die Remise in Bezau neu eröffnet.
Fahrbetrieb: an allen Samstagen, Sonn- und Feiertagen von Ende Mai bis Anfang Oktober (Buchung: 0664/4662330).

Wälderbähnle auf der Sporeneggbrücke

Blick von der Kanisfluh nach Mellau

HINTERWALD

Tour 18 bis 33

Tour 18

DURCH DEN HÖHLENPARK

Naturlehrweg

Bezau 650 m		Sonderdach 1210 m		Talstation Bergbahn 700 m		Bezau 650 m
	2 Std. ↗ 560 Hm		↘ mit Bahn		½ Std. ↘ 50 Hm	

2½ Std.
↗ 560 Hm
↘ 50 Hm

Ausgangs- und Endpunkt: Bezau-Ortsmitte
Wegverlauf: Klausenstein – Höhlenpark – Sonderdach

Einkehrmöglichkeiten: Bezau, Sonderdach

WEGBESCHREIBUNG. Von der Ortsmitte von **Bezau** (650 m) mit der sehenswerten Pfarrkirche (erbaut vor 100 Jahren im Jahr 1908) beginnt die Wanderung zum Höhlenpark und Klausenstein. Hier gibt es einen eindrucksvollen Rundweg (eigene Beschilderung!) durch dieses Felssturzgebiet (siehe Kasten). Der markierte Bergwanderweg führt dann weiter durch den Wald hinauf zur „**Beerhalde**", einer landwirtschaftlich genutzten Lichtung mit schönem Ausblick ins Tal. Über die **Steinalpe** wandert man schließlich hinauf zum **Sonderdach**. Diese Verflachung auf über 1200 m hat sich durch frühere Rutschungen gebildet und hier war einst auch ein See. Auf dieser Höhe ist eine Vorsäßsiedlung mit zahlreichen Hütten und einer Kapelle entstanden. Dass das Gelände auch heute noch instabil ist, zeigen Rutschungen unterhalb von Sonderdach.
Auf dem Sonderdach befindet sich auch die Mittelstation der Bergbahnen Bezau und so gelangt man mit der Kabinenbahn bequem wieder ins Tal. Von der Talstation spaziert man gemütlich in einer halben Stunde durch Oberbezau und die alte Viehgasse zurück zur Ortsmitte.

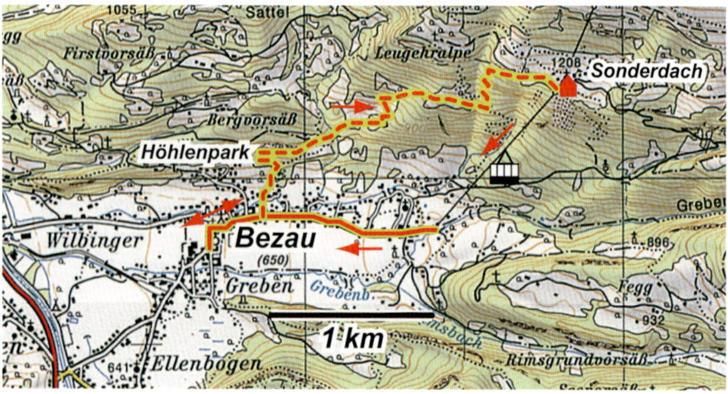

Blick auf Bezau, im Hintergrund rechts die Hangspitze

NATURLEHRWEG HÖHLENPARK. Der „Höhlenpark“ in Bezau befindet sich geologisch in der helvetischen Zone und entstand vor ca. 500 Jahren. Niederschläge sickern durch den Schrattenkalk und stoßen auf die undurchlässigen Drusbergschichten. Auf dieser rutschigen Gleitfläche gelangten die Kalkbrocken zum Abbruch und es entstanden Felsstürze. Die Felsblöcke türmten sich gegeneinander und bildeten auch Höhlen. Einen dieser Felsen nennt man den „Klausenstein“. Er ist über einen schmalen Eisensteg erreichbar, ein kleiner Aussichtspavillon steht auf dem Felsen. Am Naturlehrweg Höhlenpark geben über 40 Informationstafeln einen Überblick über die Geologie und Pflanzenwelt in diesem Gebiet. Dabei werden Kräuter, Sträucher und Bäume jeweils kurz beschrieben und es wird auch auf die Bedeutung von Waldtieren hingewiesen.

Höhlenpark

Tour 19

WINTERSTAUDE (1877 m)

Gipfelweg

Baumgarten 1620 m		Niedere 1711 m		Stongerhöhealpe 1645 m		Winterstaude 1877 m		Sonderdach 1210 m
	½ Std. ↗ 90 Hm		½ Std. ↘ 65 Hm		1 Std. ↗ 230 Hm		1¾ Std. ↘ 665 Hm	

3¾ Std.
↗ 320 Hm
↘ 730 Hm

Ausgangspunkt: Baumgarten, Bergstation der Seilbahn Bezau (Parkplatz bei der Seilbahn; die Gehzeit von der Ortsmitte von Bezau zur Talstation beträgt ca. 30 Minuten)
Endpunkt: Sonderdach, Mittelstation der Seilbahn Bezau
Schwierigkeit: weiß-blau-weiß markierter alpiner Steig beim „Hasenstrick" kurz vor dem Winterstaude-Gipfel, ansonsten guter Bergweg.
Beschilderung: Niedere Höhe – Stongerhöhealpe – Winterstaude – Stongenalpe – Sonderdach
Einkehrmöglichkeiten: Panoramarestaurant Baumgarten, Wildmoosalpe, Gasthof Innauer (Sonderdach), „´s Wisawi" bei der Talstation

WEGBESCHREIBUNG. Gleich nach der Auffahrt mit der Seilbahn Bezau zur **Bergstation Baumgarten** auf 1620 m Meereshöhe hat man einen herrlichen Rundblick in die Bergwelt des Bregenzerwaldes und bis zum Bodensee. Der Weg führt sanft ansteigend zur **Niedere Höhe** (1711 m) und dann wieder leicht

Auf dem Weg zur Winterstaude

Am Hasenstrick

abwärts zur **Stongerhöhealpe**. Hier ist nun ein steiler Aufstieg zum Gipfelkreuz auf der **Stongerhöhe** zu überwinden. Ein alpiner Steig führt dann über den „**Hasenstrick**" (Schwindelfreiheit erforderlich!) hinüber zum Gipfel der **Winterstaude** (1877 m).

Der Abstieg erfolgt auf einer anderen Route über die **Lingenauerealpe** hinunter zur **Stongenalpe** (1410 m). Diese ist eine Gemeinschaftsalpe mit eigener Sennerei, auf der im Sommer ca. 50 Stück Vieh „gealpt" werden. Vorbei am Feuchtbiotop „**Stonger Moos**" gelangt man dann zur schön gelegenen **Wildmoosalpe** (1385 m), ebenfalls eine Gemeinschaftsalpe (ca. 30 Kühe) mit Alpsennerei (Be-

DER HEXENTANZ AUF DER WINTERSTAUDE. Ostwärts von Bezau erhebt sich die Winterstaude. Ihre höchste Spitze hat, von weitem gesehen, Ähnlichkeit mit der halben Sichel des Mondes. Auf dieser Höhe, heißt es, hielten die Hexen in gewissen Nächten ihre Zusammenkünfte mit Jauchzen, Essen, Trinken und allerlei ungebührlichen Tänzen.

Teufelskrallen

Sammerealpe, im Hintergrund sind Hoher Ifen, Widderstein und Diedamskopf zu sehen (von links nach rechts).

sichtigung möglich) und einer kleinen Kapelle. Ohne viel Höhenunterschied schlängelt sich danach ein Güterweg hinüber zur Mittelstation der Seilbahn Bezau auf dem **Sonderdachvorsäß** (1210 m).

Die Vorsäßsiedlung Sonderdach ist ein Gemeinschaftsvorsäß mit einer Kapelle, auf der im Frühjahr und Herbst über 100 Stück Vieh weiden. Von dort erfolgt die Talfahrt mit der Seilbahn.

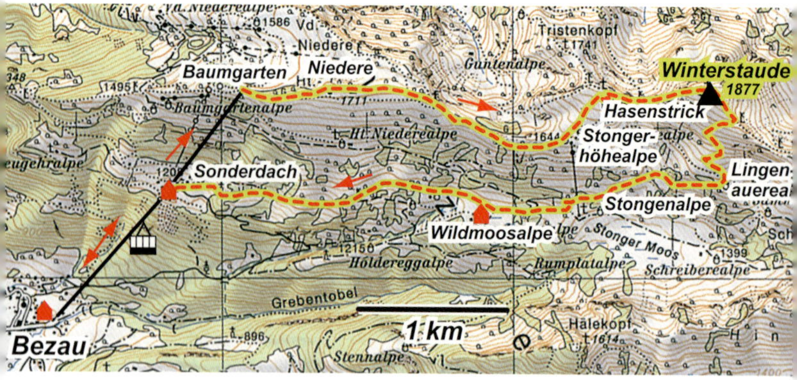

KÄSKNÖPFLE

Eine kulinarische Spezialität sind die Bregenzerwälder Käsknöpfle.
Sie werden mit einer Mischung aus verschiedenen Käsesorten (mild bis würzig) hergestellt.

Zutaten für ca. 4 Personen:
½ kg griffiges Mehl
4 Eier
3/8 l Wasser
30 dag geriebenen Käse (davon 50 % gut gereifter Bergkäse, 50 % Räßkäse)
15 dag Butter
2–3 große Zwiebeln
Salz

Zubereitung:
Mehl, Salz, Eier und Wasser kurz vermischen, mittels Knöpfle-Sieb portionsweise in siedendes Salzwasser schaben und ca. 1 Minute kochen lassen. Dann abseihen und lagenweise Knöpfle und geriebenen Käse in einer großen Schüssel anrichten.
Die Zwiebeln werden zwischenzeitlich in feine Viertelringe geschnitten und in der Butter knusprig goldbraun geröstet. Anschließend werden die gerösteten Zwiebeln zusammen mit der Butter gleichmäßig über die Käsknöpfle verteilt.

Tour 20

HIRSCHBERG (1834 m)

Gipfelweg

Hirschberg-Bergstation 1430 m		Wölfersguntenalpe 1609 m		Hirschberg-Gipfel 1834 m		Hirschberg-Bergstation 1430 m
	1½ Std. ↗ 180 Hm		½ Std. ↗ 225 Hm		1½ Std. ↘ 405 Hm	

3½ Std. ↗ 405 Hm

Ausgangs- und Endpunkt: Bizau, Bergstation der Hirschbergbahnen
Beschilderung: Wölflersguntenalpe – Hirschberg Gipfel – Hirschberg Bergstation

Einkehrmöglichkeiten: Panoramarestaurant Hirschberg, Gasthof Auerhahn (Talstation)

WEGBESCHREIBUNG. Nach der Auffahrt mit dem Sessellift zur **Bergstation** (1430 m) wandert man nördlich des Hirschberg-Höhenzuges zur Wölflersguntenalpe. Der erste Abschnitt verläuft dabei auf der Route des **Alpenlehrpfades**. Die Informationen dazu (Alpenflora, Alpenfauna, Alpwirtschaft etc.) sind in einem Heftchen beschrieben, das an der Talstation erworben werden kann. Geologisch gehört dieses Gebiet zur helvetischen Zone mit kalkigen und mergeligen Schichtfolgen. Diese weichen, brüchigen Gesteine sind auch der Grund dafür, dass die zweite Weghälfte als alpiner Steig markiert ist, da man auf schmalem Weg einen Hang durchqueren muss, bei dem sehr auf sicheren Tritt zu achten ist. Ganz abgelegen und ohne Fahrwegerschließung liegt die kleine **Wölflersguntenalpe** (1609 m) unterhalb des Gipfels. Es handelt sich dabei um eine Ziegenalpe und wenn man während der Alpzeit unterwegs ist, kann man hier exzellenten Ziegenkäse kosten.

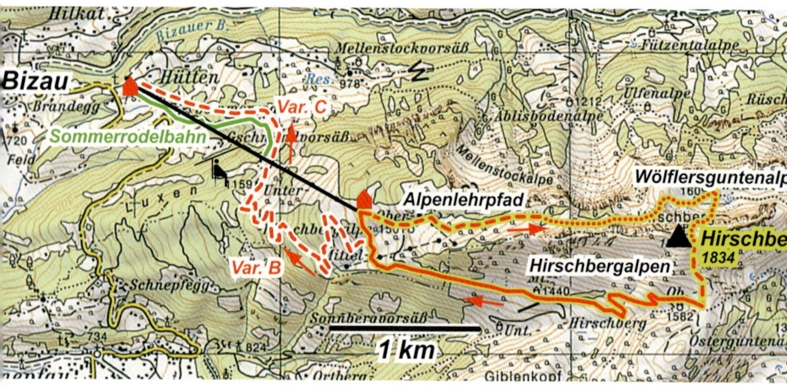

Über 200 m an Höhe sind nun noch bis zum **Hirschberggipfel** (1834 m) auf steilem Weg zu überwinden. Oben wird man mit einem wunderschönen Rundblick in die Bergwelt des Bregenzerwaldes belohnt. Danach steigt man ab zum **Hirschbergsattel** und erreicht dort einen breiten Güterweg. Auf diesem wandert man gemütlich ohne viel Höhenunterschied vorbei an der oberen und mittleren **Hirschbergalpe** (beides sind Sennalpen) Richtung Bergstation. Dabei hat man immer einen grandiosen Ausblick zur Kanisfluh und ins Talbecken der Bregenzerach von Schnepfau bis Mellau. Am nördlichen Abhang der Kanisfluh befinden sich zwei Vorsäßsiedlungen, das Bühlen- und Wirmbodenvorsäß.

Von der Bergstation hat man nun drei Varianten für die Rückkehr zur Talstation:

A) Abfahrt mit der Hirschbergbahn

B) Für Abenteuerlustige wartet ein besonderes Angebot: die Abfahrt ins Tal mit einer **Rodelbahn**.

Feuchtgebiet am Alpenlehrpfad

Hiezu muss aber noch etwa 40 Minuten bis zum Beginn der Sommerrodelbahn abwärts Richtung Talstation gewandert werden. Die Sommerrodelbahn ist 1850 m lang, das Tempo dosiert man mit einem Bremsknüppel. Der Betrieb ist nur bei trockener Witterung von 9 bis 17 Uhr (Mitte Juni bis Mitte September; Auskunft: 05572/25079).

C) Wanderung zur Talstation (790 m). Für die 640 Höhenmeter benötigt man etwa 1½ Stunden.

Sommerrodelbahn

Tour 21

AUF DEN SPUREN DER KÄSEMACHER

Alpweg

Schönenbach 1025 m – 1½ Std. ↗ 450 Hm – Almisguntenalpe 1477 m – ½ Std. ↗ 20 Hm – Stoggertennalpe 1498 m – 1¼ Std. ↘ 470 Hm – Schönenbach 1025 m

3¼ Std. ↗ 470 Hm

Ausgangs- und Endpunkt: Schönenbach, Parkplatz und Bushaltestelle; Mautstraße von Bizau bis Schönenbach
Beschilderung: Unterspitzalpe – Almisguntenalpe – Stoggertennalpe – Osterguntenalpe – Schönenbach
Einkehrmöglichkeiten: Gasthof Egender (Schönenbach), während der Alpzeit auch auf den Alpen (Anfang Juli bis Mitte September)

WEGBESCHREIBUNG. Auf dem kurzen Spaziergang vom Parkplatz ins Vorsäß bekommt man bereits einen Eindruck von der Besonderheit dieses Ortes. Die Vorsäßsiedlung **Schönenbach** (1025 m) liegt auf einer wunderschönen Ebene zwischen den Bergen, durch welche sich der Schönenbach schlängelt. Die Wanderung führt von hier in das nördlich vom Diedamskopf gelegene Alpgebiet. Dabei umrundet man den Mohrenkopf. Zuerst erreicht man die **Unterspitzalpe**, von der ein breiter Güterweg zur **Almisguntenalpe** (1477 m) neu angelegt wurde. Die Almisguntenalpe ist eine Sennalpe, auf der

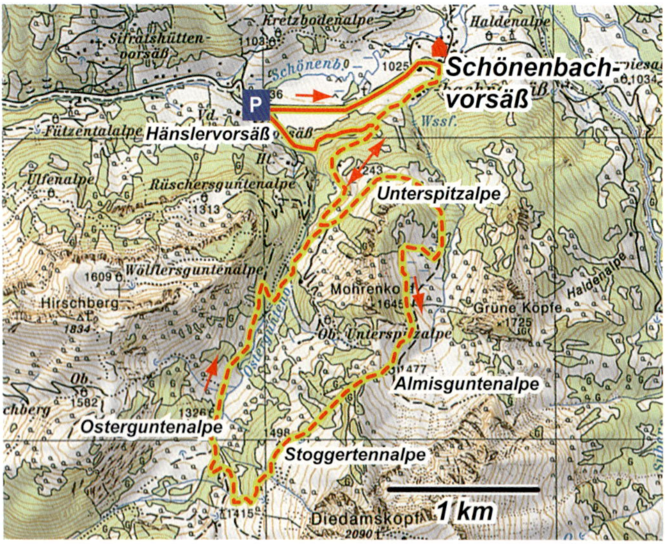

KÄSEHERSTELLUNG. Im Kupferkessel wird frische Milch mit Naturlab versetzt und langsam erhitzt. Nach ca. 45 Minuten wird die Milch dadurch stockig (wie Joghurt), dann mit der Käseharfe verschnitten und nochmals ca. 30 Minuten lang schonend auf 53°C erwärmt. Danach schöpft man diesen sogenannten Käsebruch mit Hilfe eines großen Tuches heraus und presst ihn für einen Tag in einer runden Form. Anschließend wird der so entstandene Käselaib in ein Salzbad gelegt und immer wieder gewendet. Nach 3 Tagen kommt er in den Reifekeller. Hier lagert er bei einer Temperatur von 15°C und einer Luftfeuchtigkeit von 95 %, bis die Lochbildung nach drei Monaten abgeschlossen ist. Bis zur Vollreife in ca. 8 bis 12 Monaten steht der Käse weiterhin unter ständiger Obhut des Senns. Jeder Käselaib wiegt zwischen 25 und 30 Kilogramm.
Molke zählt zu den hochwertigsten Lebensmitteln überhaupt (sie ist kalorien- und salzarm) und entsteht bei der Käseherstellung, wenn das Kasein der Milch „ausfällt" und Käsebruch entsteht. Aus Molke werden auch Flüssigseife, Duschbäder und Shampoos bis hin zu Tages- und Nachtcremen erzeugt.
„Zieger" entsteht, wenn man Molke erhitzt und den „Sauer" vom Vortag dazugibt.
„Sig" ist karamellartige „Wälderschokolade" und entsteht durch Einkochen von Molke.

Alpsennerei: Senn beim Käsemachen

Schönenbachvorsäß, rechts im Hintergrund der Hirschberg

rund 40 Kühe „gesömmert" werden. Sie liegt abgelegen in einem Kar direkt unterhalb des steilen Abhanges des Diedamskopfes, wo Steinschlag regelmäßig wertvolles Weideland verschüttet. Über einen kleinen Sattel gelangt man weiter zur **Stoggertennalpe** (1.498 m). Auch sie ist eine Sennalpe, die sich in Gemeinschaftsbesitz befindet und mit ca. 50 Kühen „bestoßen" wird. Entlang des Osterguntenbaches führt der Weg über die **Osterguntenalpe** wieder talwärts. Die Osterguntenalpe ist eine Melkalpe mit ca. 80 Stück Vieh, bei der die Milch nicht vor Ort verarbeitet wird.

Wenn man am Ende der Wanderung nicht mehr ins **Schönenbachvorsäß** will, gelangt man über das **Hänslervorsäß** direkt zum Parkplatz.

SCHÖNENBACHVORSÄSS

Das Gemeinschaftsvorsäß hat eine Fläche von 260 ha und ist somit das größte Vorsäß des hinteren Bregenzerwaldes. Im Jahr 1491 wurde es erstmals erwähnt. 1837 werden 228 Weiderechte, 28 Hütten (davon ein Gasthof), eine Säge, eine Kapelle und insgesamt 29 Besitzer festgestellt. Schönenbach wird heute von 16 Bauern bewirtschaftet. Diese sind mit ihrem Vieh im Frühjahr und Herbst jeweils für vier Wochen im Vorsäß. In dieser Zeit wird die Milch der Kühe in die gemeinsame Sennerei (erbaut 1965) gebracht. Die rund 200 Kühe liefern jeden Tag zwischen 3500 und 4000 Liter Milch. Daraus macht der Senn täglich 12 Laib Käse mit je 25 bis 30 kg.

VORSÄSS- UND ALPWIRTSCHAFT IM HINTERWALD

Im Bregenzerwald hat sich eine Dreistufenwirtschaft entwickelt: Heimgut – Vorsäß – Alpe. Im Hinterwald gibt es ca. 40 Privatvorsäße und ebenso viele Gemeinschaftsvorsäße. Bei den Gemeinschaftsvorsäßen sind Grund und Boden Gemeinschaftseigentum, auf dem aber jeder Weiderechtsbesitzer seine eigene Hütte bauen konnte. Dies führte zur Entstehung von Vorsäßsiedlungen mit Kapellen, da man früher bis in den Winter hinein hier wohnte.

Das Vorsäß wird je nach Vegetationsfortschritt Ende Mai/Anfang Juni bezogen. Ursprünglich zog die ganze Familie dorthin, heute erfolgt durch die gute Wegerschließung die Bewirtschaftung zum Teil vom Talbetrieb aus. Die Weidenutzung erfolgt bei den Gemeinschaftsvorsäßen bis zum Alpabtrieb nach genauen Terminen vier bis fünf Wochen lang (bis St. Kilian am 8. 7.).

Im Hinterwald gibt es mit ca. 110 Gemeinschaftsalpen deutlich mehr als Privatalpen (ca. 60). Auf den Gemeinschaftsalpen erfolgt die Viehbetreuung und Milchverarbeitung durch Fremdpersonal. Ab dem Heiligkreuztag (14. 9.) wird das Vieh von den Alpen wieder ins Vorsäß gelassen. Die Weidenutzung erfolgt nun bis zum Gallustag (14. 10.), dann zieht das Vieh zur Herbstweide (bis Allerheiligen) ins Tal. Ab Allerseelen war bis Nikolaus (6. 12.) oder noch später Winterfütterung auf den Vorsäßen üblich, da der Wegtransport des Heues vom Vorsäß ins Tal früher undenkbar war. Gerade diese Winterfütterungszeit im Spätherbst bildete aber den gesellschaftlichen Höhepunkt im Vorsäß. Man hatte Zeit für gesellige Treffen bei Spiel und Gesang.

Sonderdachvorsäß in Bezau

Tour 22

KANISFLUH (2044 m)

Gipfel- und Sagenweg

Bergstation Roßstelle 1395 m — 2 Std. ↗ 650 Hm — Kanisfluh 2044 m — ¾ Std. ↘ 420 Hm — Wurzachalpe 1622 m — 1 Std. ↘ 230 Hm — Bergstation Roßstelle 1395 m

3¾ Std.
↗ 650 Hm

Ausgangs- und Endpunkt: Mellau, Bergstation Roßstelle (Parkplatz bei der Talstation der Bergbahnen Mellau; ca. 15 Minuten Gehzeit von der Ortsmitte zur Talstation)

Beschilderung: Kanisalpe – Kanisfluh – Wurzachalpe – Roßstelle

Einkehrmöglichkeiten: Roßstelle, Kanisalpe und Wurzachalpe (während der Alpzeit)

WEGBESCHREIBUNG. Die Kanisfluh ist das Wahrzeichen des Bregenzerwaldes. Das alemannische Wort „Fluh" bedeutet Felswand und bezeichnet die steil nach Norden abfallenden, stark zerklüfteten Felsen dieses Berges. Eine dieser Felsnadeln wird als „Wirmsul" bezeichnet (siehe Sage). Geologisch betrachtet befinden wir uns hier in der Zone des Helvetikums. Es handelt sich dabei um Jura-Kalkgesteine aus der Kreidezeit. Der gesamte Kanisfluhstock ist ein Großraumbiotop bestehend aus verschiedenen Laubwäldern, Kalkrasen und Felsfluren, in dem z. B. auch sehr viele Arten von Schmetterlingen vorkommen. Auch Baumfalken, Steinadler und Steinwild sind hier angesiedelt.

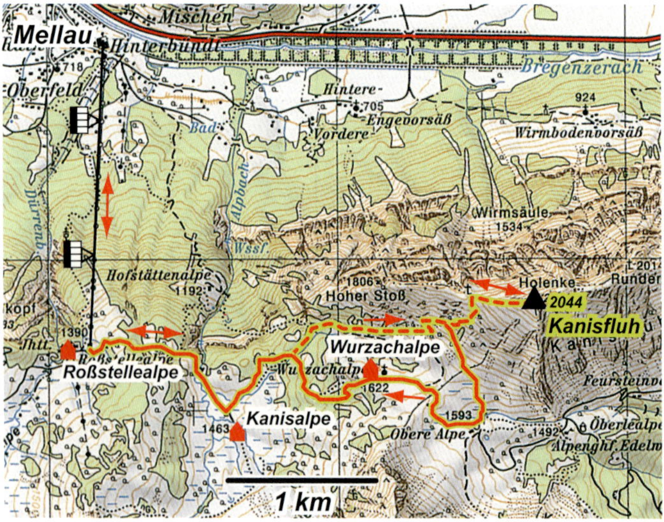

Steinböcke auf der Kanisfluh

DIE WIRMSUL. Vor langer Zeit lebte im Bregenzerwald ein Riesengeschlecht. Der größte und stärkste war der Riese Wirm. Er wollte einen schönen Berg bauen. Im Traum sah er diesen Berg, der im Norden steil abfiel und stark zerklüftet war, auf der Südseite jedoch sanft anstieg und mit grünen Matten bedeckt war. Wirm begann, diesen Berg zu bauen. Er zog Gräben für das Wasser und die Lawinen, setzte Felsabsätze und Platten ein. Aber es kamen ihm Zweifel, ob er den Berg auch vollenden könne. So verfiel er in Schwermütigkeit und stürzte sich eines Tages von seinem Berg zu Tode. Die anderen Riesen begruben ihn in einer Kammer seines Berges und setzten vor die Grabeshöhle einen gewaltigen Stein, die Säule des Wirm. Sie steht noch heute und das Volk nennt sie die „Wirmsul".

Wurzachalpe auf dem Wurzachsattel, im Hintergrund der Firstgrat (links die Mörzelspitze, rechts die Hangspitze)

Nach der Auffahrt mit der Kabinenbahn der Bergbahnen Mellau zur **Bergstation** (1395 m) befindet man sich im Alpgebiet von Mellau. Die Wanderung beginnt auf einem schönen Güterweg, der ohne viel Höhenunterschied von der **Roßstellealpe** bei der Bergstation zur **Kanisalpe** führt. Kleine Bäche schlängeln sich hier durch ein Flachmoor am Fuße eines Kars, das während der Eiszeit entstanden ist. Bald nach der Kanisalpe verlässt man den Güterweg und betritt einen schmalen Bergwanderweg, der hinauf zur Kanisfluh führt. Nach Erreichen des Berggrates öffnet sich der Blick gegen Norden und mit etwas Glück erspäht man an den Abhängen Steinböcke, von denen es hier über 50 Stück gibt. Vom Berggrat ist es nicht mehr weit zum höchsten Punkt, der **Holenke** auf 2044 m. Da die Nordseite der Kanisfluh steil abfällt, hat man hier einen überwältigenden Blick ins Tal der Bregenzerach mit den Gemeinden Schnepfau und Mellau und hinaus bis zum Bodensee. Im Osten erblickt man die Gipfel des Hohen Ifen, Widdersteins und der Künzelspitze. Gegen Süden reicht der Blick vom Zitterklapfen und der Roten Wand bis in die Bergwelt der Silvrettagruppe. Im Westen sieht man das Säntismassiv in der Schweiz.

Der Abstieg erfolgt zuerst auf derselben Route, man wählt dann aber den Weg zur Wurzachalpe, die auf einer schönen Ebene auf dem **Wurzachsattel** liegt. Von hier wandert man auf dem Güterweg zurück zur Bergstation **Roßstelle**.

DER GEIST AUF DER KANISFLUH. In Au lebte ein neidischer Bauer, der die anderen Bauern um ihre schönen und fetten Kühe beneidete. Eines Nachts ging er in den Wald und legte frische Tannenrinden auf den Weg. Als am nächsten Morgen die prächtigste Kuh des Nachbarn auf diesem Weg zur Tränke ging, rutschte sie auf den schlüpfrigen Rinden aus, fiel in ein tiefes Tobel und brach sich das Genick. Der neidische Bauer beobachtete das, freute sich sehr über seine üble Tat und wollte nachsehen, ob die Kuh auch tatsächlich tot war. Da rutschte er aber selbst aus und brach sich beim Absturz in das Tobel ebenfalls das Genick. Vor Gottes Gericht bekam er folgendes Urteil: Er muss jede Nacht die tote Kuh auf die Kanisfluh tragen, oben angekommen darf er ihr aus ihrem Fell ein Haar ausreißen. Dann muss er die Kuh wieder ins Tobel stoßen. In manchen Nächten hört man den Geist des Bauern dann bis ins Tal hinunter laut stöhnen, wenn er seine Arbeit verrichtet. Der neidische Bauer ist erst dann erlöst, wenn die Kuh kein einziges Haar mehr auf ihrer Haut hat.

Nordwand der Kanisfluh

Tour 23

ARGENSCHLUCHT UND AUER RIED

Naturlehrweg

Au 790 m — 1¼ Std. ↗ 260 Hm — Auer Ried 1050 m — 1¼ Std. ↘ 260 Hm — Au 790 m

2½ Std.
↗ 260 Hm

Ausgangs- und Endpunkt: Au, Pfarrkirche
Einkehrmöglichkeiten: Au

Beschilderung: Auer Ried *Lehrpfad* (über Argenbachtal) – Jaghausen *Pfarrkirche*

Herbstzeitlose

WEGBESCHREIBUNG. Die Wanderung beginnt auf einem ebenen Güterweg durch die Viehweide **Reute** und verläuft weiter entlang des Argenbaches in die **Argenschlucht**. Danach beginnt der Rundweg hinauf zu den Hängen des **Auer Rieds** mit seinen wertvollen Pflanzenbeständen, Baumgruppen, Bächen und zahlreichen Heuhütten. Der Rundweg mündet wieder in den Güterweg durch die Viehweide **Reute**.

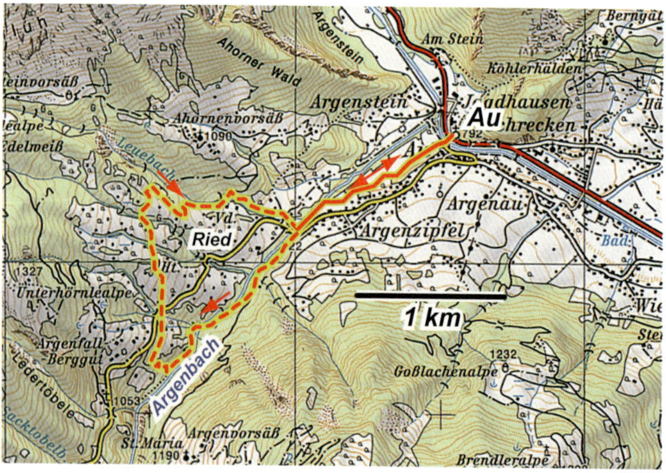

Blick vom Auer Ried auf Au, im Hintergrund der Diedamskopf

ARGENSCHLUCHT UND AUER RIED. Die **Argenschlucht** ist eine der schönsten Schluchten Vorarlbergs mit hochinteressanten Felsformationen und imposanten, senkrechten, 80 bis 100 m hohen Schluchtwänden (unterschiedlich harte Kalkgesteine aus dem Helvetikum). Die Gesteinsschichten lagern schräg, denn die Gewalt der Gebirgsfaltung schob sie gegeneinander und in die Höhe. Hochwasser und Felsstürze gaben dem Bach den Namen: der arge, der böse Bach.
Das **Auer Ried** ist ein Naturschutzgebiet und besteht aus Streue- und Magerwiesen, Bachgaleriewäldern, Baumgruppen, Gebüsch, feuchtnassen Hängen, sprudelnden Bächen und zahlreichen Heuhütten. Der besondere biologische Wert des Auer Rieds liegt in der Artenvielfalt der Pflanzen. Über 50 gefährdete Pflanzen wachsen hier.

Tour 24

ZU WALSER ALPEN

Familienweg

Damüls 1420 m		Oberdamülser Alpe 1670 m		Damüls 1420 m
	1 Std. ↗ 250 Hm		¾ Std. ↘ 250 Hm	

1¾ Std.
↗ 250 Hm

Ausgangs- und Endpunkt: Damüls-Ortsmitte
Einkehrmöglichkeiten: Damüls, Oberdamülser Alpe

Beschilderung: Oberdamülser Alpe – Richtung Unterdamülser Alpe – Damüls

WEGBESCHREIBUNG. Von der Ortsmitte **Damüls** (1420 m) gelangt man gleich hinauf zur sehenswerten, spätgotischen Pfarrkirche aus dem 15. Jahrhundert. Sie wurde renoviert und hat innen eine reiche Freskenausstattung. Auf einem schönen Weg geht es weiter nach **Oberdamüls** in die Parzelle **Herte**. Ab hier befindet sich entlang des Weges bis zur **Oberdamülser Alpe** (1670 m) ein Alpenlehrpfad für Kinder. Auf der Alpe können die Kinder verschiedene Tiere kennen lernen und sich mit ihnen beschäftigen. Die Oberdamülser Alpe ist eine Sennalpe (Sennereibesichtigung möglich), die sich in Gemeinschaftsbesitz befindet und auf der ca. 20 Kühe und 160 Stück Jungvieh gealpt werden.
Etwas oberhalb der Alpe steht eine kleine Kapelle. Im Jahr 1995 stellte

Kapelle Stofel

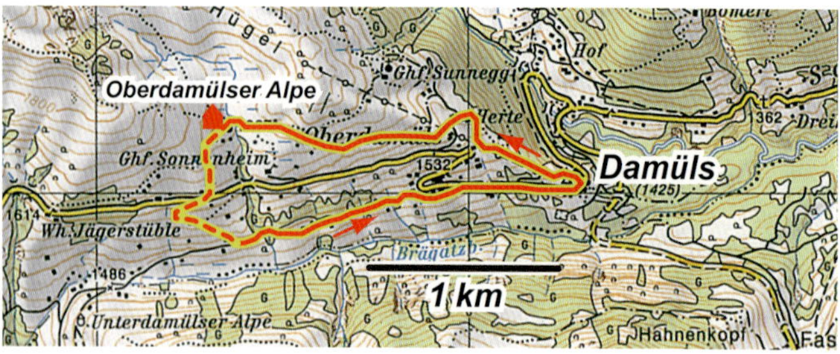

Oberdamülser Alpe

das Bundesdenkmalamt Wien diese 1689 erbaute Kapelle **Stofel** unter Denkmalschutz. Aufgrund ihrer Schlichtheit (ohne Turm), dem flachen Satteldach mit Steinplatten und ihrer exponierten Lage ist sie ein historisch beeindruckender Bau und Zeugnis der Volksfrömmigkeit. Nahe der Kapelle findet sich an einem kleinen Bach ein sehr schöner Grillplatz.

Für den Rückweg nach Damüls bietet sich die Route unterhalb der Landesstraße an.

WALSER ALPWIRTSCHAFT.
Walser aus dem Wallis (Schweiz) ließen sich im 14. Jahrhundert in Vorarlberg nieder. Damüls bildete zusammen mit Fontanella (Großes Walsertal) bis 1806 das „Obere Walsergericht". Belehnungsurkunden existieren für die Alpen Uga (1313) und „Tamülls" (1326). Die Walser brachten auch eine eigene Alpwirtschaftsform mit. Auf dem gemeinschaftlichen Boden durfte jeder seine eigene Hütte bauen. So kam es zu richtigen Alpsiedlungen mit Kapelle. Dabei gab es getrennte Wohn- und Stallgebäude. Auch die Herstellung von Käse war bekannt, wobei jeder Bauer seine eigene Sennerei hatte. Heute ist dies aus wirtschaftlichen Gründen nicht mehr der Fall. Mit dem Bau eines Fahrweges von Au nach Damüls um 1900 begann der Aufschwung zunächst für den Sommer-, später auch für den Wintertourismus.

Tour 25

DAMÜLSER MITTAGSSPITZE (2095 m)

Gipfelweg

Bergstation Ugalift 1800 m — 1 Std. ↗ 295 Hm — Mittagsspitze 2095 m — 1½ Std. ↘ 720 Hm — Talstation Ugalift 1375 m

2½ Std.
↗ 295 Hm
↘ 720 Hm

Ausgangspunkt: Damüls, Bergstation Uga-Express (Parkplatz und Bushaltestelle bei der Talstation der Damülser Seilbahnen)
Endpunkt: Damüls, Talstation Uga-Express
Schwierigkeit: das letzte Stück auf den Gipfel ist ein weiß-blau-weiß markierter alpiner Steig
Beschilderung: Mittagsspitze – Ugaalpe – Walisgaden – Talstation Uga
Einkehrmöglichkeiten: Elsenalpstube, Gasthof Ugaalpe, Gasthof Walisgaden, Damüls

WEGBESCHREIBUNG. Nach der Auffahrt mit dem Sessellift Uga-Express zur **Bergstation** auf 1800 m befindet man sich bereits im Alpgebiet der **Ugaalpe**, die mit ihren zahlreichen Hütten die Walser Alpwirtschaft präsentiert: Auf dem gemeinschaftlichen Boden hat jeder Berechtigte seine eigene Hütte gebaut. Hinter der Ugaalpe ragt der markante Gipfel der **Mittagsspitze** in den Himmel und er scheint nicht

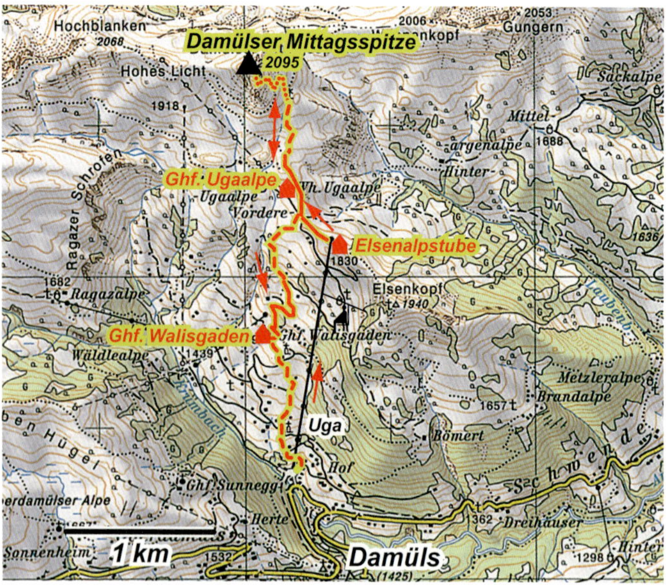

Ugaalpe mit Hochblanken

sehr weit entfernt zu sein. Tatsächlich ist man in ungefähr einer Stunde auf dem Gipfel. Das letzte Stück führt aber durch brüchiges Kalkgestein und ist daher als alpiner Steig markiert (weiß-blau-weiß), der besondere Trittsicherheit erfordert.

Die Mittagsspitze ist ein gutes Beispiel eines alpinen Biotopkomplexes mit einer Vielzahl verschiedener Pflanzengesellschaften. So existieren mehrere Arten von Kalkrasen (Violettschwingel-, Rostseggen-, Blaugras- und Nacktriedrasen) sowie eine artenreiche Kleintierwelt. Oben am Gipfel (2095 m) wird man mit einem wunderbaren Rundblick belohnt, wobei besonders gegen Süden die mächtige Rote Wand beeindruckt.

Der Abstieg erfolgt auf derselben Route zur **Ugaalpe**. Von hier wandert man über **Walisgaden** bis hinunter zur **Talstation** (1375 m). Dabei kann man entweder den kürzeren Bergwanderweg (rot) oder den Fahrweg (gelb) wählen. Natürlich ist auch die Abfahrt mit dem Ugalift möglich. Wer sich noch den Ort Damüls mit seiner gotischen Kirche anschauen will, der ist von der Talstation in zehn Minuten dort.

Damülser Mittagsspitze

Tour 26

DAMÜLSER RUNDTOUR

Gipfelweg

Bergstation Ugalift 1800 m		Hochblanken 2068 m		Ragazer Blanken 2051 m		Damüls 1420 m
	1¼ Std. ↗ 270 Hm		¾ Std. ↘ 80 Hm ↗ 65 Hm		2 Std. ↘ 620 Hm	

4 Std.
↗ 335 Hm
↘ 700 Hm

Ausgangspunkt: Damüls, Bergstation Uga-Express (Parkplatz und Bushaltestelle bei der Talstation der Damülser Seilbahnen)
Endpunkt: Damüls, Talstation Uga-Express

Beschilderung: Damülser Rundtour (= Zielangabe auf den Wegweisern): Ugaalpe – Hochblanken – Ragazer Blanken – Sünser Joch – Damüls *über Sieben Hügel*
Einkehrmöglichkeiten: Elsenalpstube, Gasthof Ugaalpe, Damüls

WEGBESCHREIBUNG. Mit dem **Uga-Express** (Sessellift) erreicht man bequem das Gebiet der **Ugaalpe** und genießt dabei bereits ein beeindruckendes Panorama. Hier beginnt auf über 1800 m die Damülser Rundtour mit zwei Gipfelüberschreitungen. Es ist eine schöne Wanderung durch alpwirtschaftlich genutztes Berggebiet in der Hochgebirgswelt des Bregenzerwaldes mit herrlichen Rundbli-

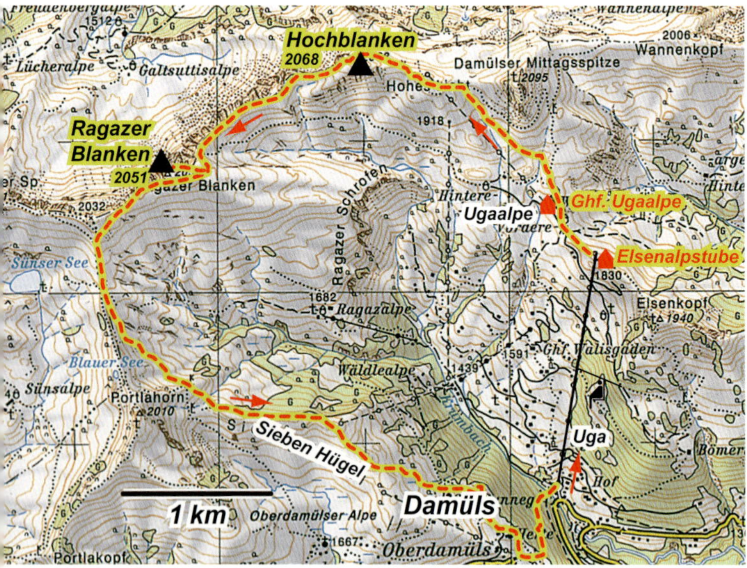

Sünsalpe, im Hintergrund links Schweizer Berge mit dem Säntis

cken. Zuerst erreicht man nach ca. 1¼ Stunde Gehzeit den Gipfel des **Hochblanken** (2068 m) und wandert dann entlang des Berggrates auf knapp 2000 m in ca. 45 Minuten hinüber zum Gipfel des **Ragazer Blanken** (2051 m).

Von hier beginnt der Abstieg zum **Sünser Joch** mit schönem Blick zum Sünser See. Auch ein kurzer Abstecher mit Rast am See ist natürlich empfehlenswert (Gehzeit hin und retour: ca. 30 Minuten). Vom Sünser Joch gelangt man schließlich auf aussichtsreichem Weg (im Süden reicht der Blick hinunter zur Oberdamülser Alpe und weiter ins Große Walsertal bis zum markanten Gipfel der Roten Wand) über die „**Sieben Hügel**" Richtung Damüls (1430 m).

Wer mit dem Auto angereist ist, kann bereits in Oberdamüls zur Talstation des Ugaliftes abzweigen. Für die Busfahrer empfiehlt sich der Weg in die Ortsmitte von Damüls, einer Walsersiedlung mit sehenswerter gotischer Kirche.

Sünser See

Tour 27

DIEDAMSKOPF (2090 m) UND FALZER KOPF (1968 m)

Gipfelweg

Diedamskopf 2090 m		Kreuzle 1810 m		Falzer Kopf 1968 m		Neuhornbachhaus 1650 m		Schoppernau 840 m
	½ Std. ↘ 280 Hm		1 Std. ↗ 160 Hm		½ Std. ↘ 320 Hm		1¾ Std. ↘ 810 Hm	

3¾ Std.
↗ 160 Hm
↘ 1410 Hm

Ausgangs- und Endpunkt: Schoppernau, Bergstation Diedamskopf (Parkplatz und Bushaltestelle bei der Talstation der Bergbahnen Diedamskopf)
Beschilderung: Falzer Kopf – Neuhornbachjoch – Neuhornbachhaus – Neuhornbachalpe – Schoppernau
Einkehrmöglichkeiten: Bergstation Diedamskopfbahn, Neuhornbachhaus, Schoppernau

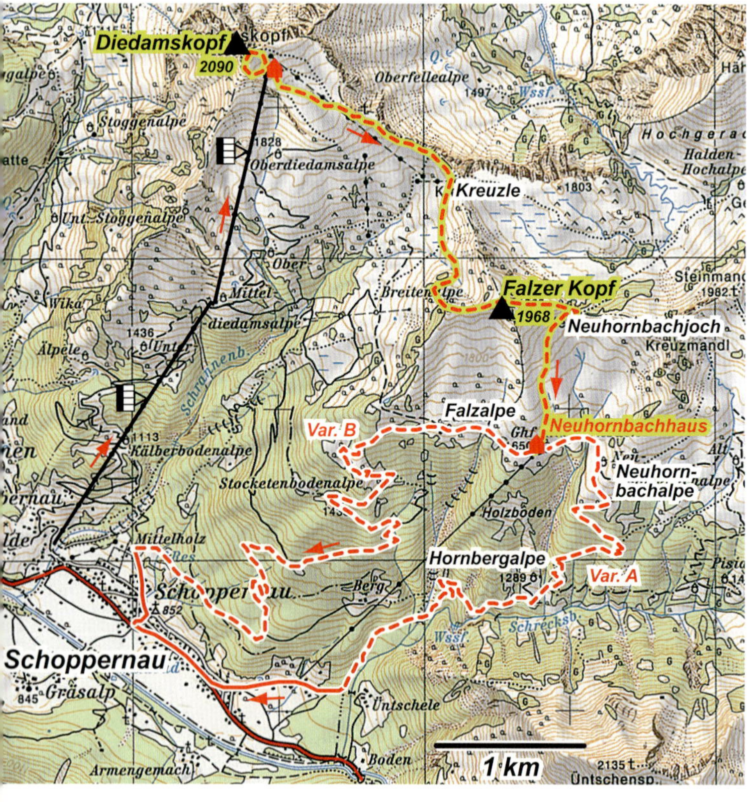

Blick vom Falzer Kopf zu den Diedamsalpen, nach Au und zur Kanisfluh

WEGBESCHREIBUNG. Nach der Auffahrt mit den Bergbahnen Diedamskopf zur **Bergstation** lohnt sich der kurze „Gipfelsturm" (Gehzeit hin und retour: 15 Minuten) zum **Diedamskopf** (2090 m). Oben hat man ein beeindruckendes Panorama auf die Gipfelwelt des Bregenzerwaldes.

Der Weg führt entlang des Berggrates bis zum sogenannten „**Kreuzle**", einem alten Passübergang. Einige Höhenmeter unterhalb des Kreuzle (1810 m) wandert man dann den Hang hinauf zum **Falzer Kopf** (1968 m). Dort bietet sich ein eindrucksvolles Panorama auf die umliegenden Berge und ins Talbecken von Au-Schoppernau. Über das **Neuhornbachjoch** (1820 m) steigt man dann ab zum **Neuhornbachhaus** (1650 m) mit einer gemütlichen Aussichtsterrasse.

Nun bieten sich zwei in etwa gleich lange Routen an, um nach **Schoppernau** (840 m) zu gelangen:

A) Abstieg über die **Neuhornbachalpe**: Am Ende der Wanderung durchquert man noch Schoppernau und erblickt beim Spaziergang durch den Ort einige alte, schöne Bregenzerwälderhäuser.

B) Abstieg über die **Falzalpe**: Hier kann man noch vor Erreichen der Ortschaft direkt zur Talstation der Diedamsbahn abzweigen.

Tour 28

INS VORSÄSS HOPFREBEN

Kulturweg

Schoppernau 840 m — 1 Std. ↗ 130 Hm — Vorderhopfreben 970 m — ½ Std. ↗ 40 Hm — Hinterhopfreben 1010 m

1½ Std. ↗ 170 Hm

Ausgangspunkt: Schoppernau-Ortsmitte
Endpunkt: Hinterhopfreben, Bad Hopfreben (Rückfahrt mit dem Bus)
Beschilderung: Hinterhopfreben *F. M. Felderweg*
Einkehrmöglichkeiten: Schoppernau

WEGBESCHREIBUNG. Der Weg führt zuerst auf dem Gehsteig entlang der Hauptstraße durch **Schoppernau** (840 m), wobei man auch am Geburts- und Wohnhaus von Franz Michael Felder vorbeikommt. Entlang des Weges nach Hinterhopfreben weisen Tafeln mit Zitaten aus dem Werk des Dichters und Sozialreformers auf wichtige

FRANZ MICHAEL FELDER (1839–1869) war Schriftsteller und Sozialreformer. Er engagierte sich für Volksbildung und Genossenschaftswesen und setzte sich für demokratische Strukturen und die Freiheit des Denkens ein. Das Franz-Michael-Felder-Museum im Dorfzentrum von Schoppernau zeigt Leben und Werk in Objekten, Hör- und Klangstationen, Videoprojektionen etc.

DIE STICKERIN

Daheim im warmen Stüble, da sitzt die Stickerin,
macht auch im Winter Rösle und schafft mit frohem Sinn.
Das Kleid, drauf sie die Blumen stickt mit kunstgeübter Hand,
wird eine andre schmücken, die sie wohl nie gekannt.

„Wird sie, die Unbekannte", fragt oft sie leise sich,
„die einst dies Kleid soll tragen, beglückter sein als ich?
Zwar hat ihr Gott geben mehr Geld und Gut als mir,
doch hab' ich, froh zu leben, Genügsamkeit dafür.

Sie mag mit dem sich kleiden, was ich mit Fleiß gemacht;
Ich will sie nicht beneiden um Reichtum und um Pracht.
In meinem Wälderkleide, so einfach und so schlicht,
mach' ich dem Liebsten Freude, und mehr verlang' ich nicht."

(Franz Michael Felder, 1861)

Feldermuseum

Informationen: Schoppernau Tourismus (Tel. 05515/2495),
Öffnungszeiten: Mo 16–18 Uhr, Do 9–11 Uhr, Fr 17–19 Uhr
und So 9.30–11.30 Uhr

Kapelle in Hinterhopfreben

Aspekte seines Lebens hin. Nach Verlassen des Siedlungsgebietes verläuft der Weg zuerst entlang der **Bregenzerach**, wo sich vor dem Überqueren der Landesstraße ein kurzer Abstecher zur „**Armenseelenkapelle**" (Dauer hin und retour: ca. 20 Minuten) auf einem kleinen Felsen anbietet. Danach steigt der Weg allmählich an, bis die erste Vorsäßsiedlung, **Vorderhopfreben** (970 m), erreicht ist. Entlang des Weges hat man schöne Blicke zum Felsmassiv der Künzelspitze und zur Mohnenfluh. Durch ein kurzes Waldstück erreicht man dann bald die zweite Vorsäßsiedlung, **Hinterhopfreben** (1010 m), auf der auch die Familie Felder eine Hütte besaß.

Auf dem bewaldeten Höhenrücken zwischen Vorder- und Hinterhopfreben liegt die „Villa Maund", ein ehemaliges hölzernes Jagdschloss. Es wurde Ende des 19. Jahrhunderts vom englischen Bankier Sir John Maund, der damals die gesamte Jagd im hinteren Bregenzerwald gepachtet hatte, erbaut. Öfters zu Gast in der Villa war Kronprinz Wilhelm von Hohenzollern mit seinem Gefolge.

Bei der Siedlung Hinterhopfreben steht ein ehemaliges Schwefelbad, das **Bad Hopfreben**, das bereits im 17. Jahrhundert in Betrieb war. Bei diesem Gebäude befindet sich die Haltestelle des Landbusses, mit welchem man nach **Schoppernau** zurückfährt.

WÄLDER BAUERNHAUS UND HOLZBAU. Das **Bregenzerwälder Bauernhaus** ist im Gebiet an der Bregenzerach von Schoppernau bis Egg verbreitet. Die Errichtung der ältesten Gehöfte dieser Art dürfte um 1600 bis 1660 erfolgt sein. Es ist als Einhof ausgeführt, bei dem Wohn- und Wirtschaftsteil unter einem gleich hohen Dachfirst vereinigt sind. Auf einem massiv gemauerten Fundament ist der Holzblockbau aus behauenen Balken errichtet. Südseitig befindet sich der charakteristische „Schopf", eine Art Loggia. Er ist im Sommer laubenartig offen und im Winter verschließbar. Der Wirtschaftstrakt ist durch eine Zwischenwand vom Wohnteil abgetrennt. Die Fenster sind verhältnismäßig klein gehalten und mit schwenkbaren Läden ausgestattet. Viele Fenster sind noch von dekorativen Brettelelementen umgeben. Diese Schmuckelemente der Fenster und eine einzigartig holzgeschindelte Fassade prägen das Äußere dieser bewundernswerten Bauernhöfe. In Au-Rehmen, Schnepfau, Schoppernau und Schwarzenberg sind noch schöne Häuser-Ensembles zu sehen. Im Bregenzerwald hat **Holzbau** somit Tradition. Auch heute gibt es zahlreiche Zimmereibetriebe, die einen hervorragenden Ruf genießen, und Architekten, die mit Holz und Glas vielbeachtete moderne Bauten errichten. In Hittisau gibt es mit der „Holz-Kultur" eine Einladung an alle, Holz in seinen verschiedenen Facetten zu erleben: in freier Natur, auf dem Weg, vor gebauter Holzsubstanz, in Werkstätten und Betrieben etc. (kleines Buch und Informationen, auch über Führungen, sind im Tourismusbüro Hittisau erhältlich).

Bregenzerwälderhaus in Au-Rehmen

Tour 29

BRAUNARLSPITZE (2649 m)

Gipfelweg

Schröcken 1250 m		Fürggele 2145 m		Braunarlspitze 2649 m		Butzensee 2124 m		Schröcken 1250 m
	2¼ Std. ↗ 895 Hm		1½ Std. ↗ 505 Hm		1¾ Std. ↘ 525 Hm		2 Std. ↘ 875 Hm	

7½ Std. ↗ 1400 Hm

Ausgangs- und Endpunkt: Schröcken-Ortsmitte
Beschilderung: Fellealpe – Fürggele – Braunarlspitze – Butzensee – Jägersteig – Schröcken
Einkehrmöglichkeiten: Schröcken

WEGBESCHREIBUNG. Die Braunarlspitze ist der höchste Berg des Bregenzerwaldes. Die Bezwingung dieses Gipfels ist mit seiner langen Gehzeit und der schwierigen Wegkategorie die anstrengendste Tour, die in diesem Wanderführer beschrieben wird.
Von **Schröcken** (1250 m) aus führt ein Güterweg zur **Fellealpe**. Dort beginnt der Bergwanderweg zum **Fürggele** (2145 m), einem Pass-

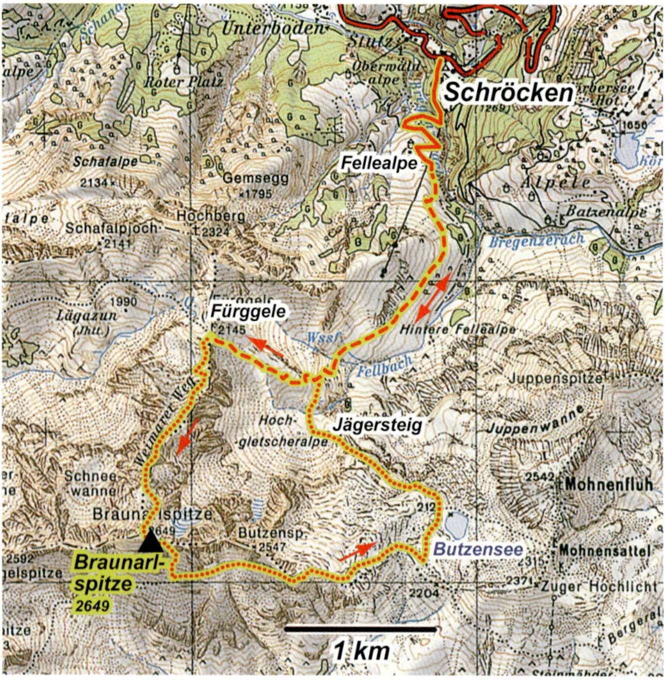

Butzensee

übergang ins Große Walsertal. Ab hier verläuft der alpine Steig im Felsgebiet hinauf zum Gipfel der **Braunarlspitze** auf 2649 m. Dort wird man nach den Mühen des Aufstiegs mit einem herrlichen Rundblick in die Bergwelt belohnt. Der Abstieg erfolgt auf die Südseite der Felsenburg und führt ostwärts zum idyllisch gelegenen **Butzensee** auf 2124 Metern. Dahinter erhebt sich majestätisch der markante Gipfel der Mohnenfluh (2542 m). Über den sogenannten „Jägersteig" wandert man wieder zurück zur Fellealpe. Dabei durchquert man das Gebiet der **Hochgletscheralpe**. In diesem Kar gab es den einzigen Gletscher des Bregenzerwaldes. Seit wenigen Jahrzehnten ist er aber zu klein geworden und heute nicht mehr als solcher klassifiziert.

Von der Fellealpe wandert man auf demselben Weg zurück nach **Schröcken**.

Braunarlspitze

Tour 30

WIDDERSTEIN (2533 m)

Gipfelweg

Hochtannbergpass 1676 m		Widdersteinhütte 2009 m		Widderstein 2533 m		Hochtannbergpass 1676 m
	1 Std. ↗ 335 Hm		1¾ Std. ↗ 525 Hm		2½ Std. ↘ 860 Hm	

5¼ Std. ↗ 860 Hm

Ausgangs- und Endpunkt: Hochtannbergpass, Parkplatz und Bushaltestelle
Beschilderung: Widdersteinhütte – Widderstein – Hochtannbergpass
Einkehrmöglichkeiten: Widdersteinhütte, Hotel Adler (Hochkrumbach)

WEGBESCHREIBUNG. Der Widderstein besteht aus Hauptdolomit (hartes Kalkgestein) und ist eine der markantesten Bergspitzen im Bregenzerwald. Vom **Hochtannbergpass** (1676 m) führt der Weg gleich steil hinauf zur **Widdersteinhütte** auf 2009 Metern. Dabei wandert man durch artenreiche Bergheumähder, die auch eine Vielzahl an Kleintieren (Insekten) aufweisen. Bald danach beginnt der alpine Steig durch felsiges Gelände hinauf zum Gipfel des **Widdersteins** (2533 m). Hier sind Schwindelfreiheit und Trittsicherheit erforderlich. Im Felsgebiet muss immer auf die Markierungen geachtet werden, sonst gerät man schnell in schwieriges Gelände. In der Gipfelregion leben auch Steinböcke, die man mit et-

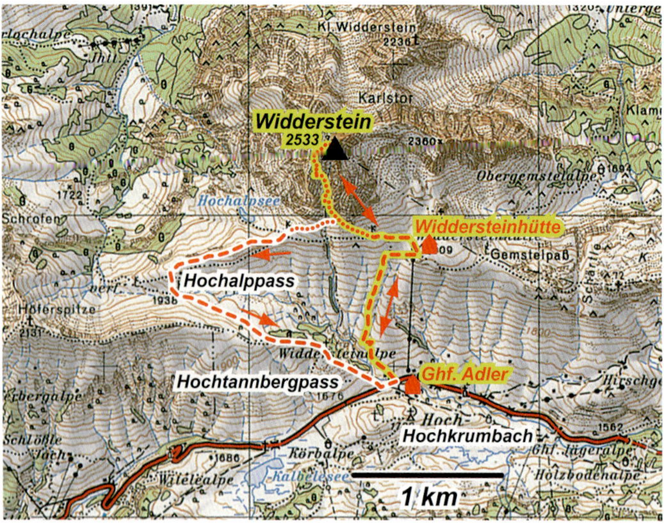

Widdersteinalpe mit Widderstein

was Glück beobachten kann. Der Widderstein bietet natürlich einen faszinierenden Rundblick in die Bergwelt der Alpen, ins Kleinwalsertal im Norden und auf das Tannberggebiet im Süden.
Der Abstieg erfolgt über dieselbe Route. Wer möchte, kann unterhalb des felsigen Gebietes aber auch den Weg hinüber zum Hochalppass nehmen und von dort zum Hochtannbergpass zurückwandern. Die Gehzeit verlängert sich dabei nur um ca. 15 Minuten.

Alpiner Steig am Widderstein

Tour 31

ZAUBERHAFTE SEEN

Wasserweg

Hochtannbergpass 1676 m		Körbersee 1656 m		Batzenalpe 1560 m		Schröcken 1250 m
	1 Std. ↗ 80 Hm ↘ 100 Hm		½ Std. ↘ 95 Hm		½ Std. ↘ 310 Hm	

2 Std.
↗ 80 Hm
↘ 505 Hm

Ausgangspunkt: Hochtannbergpass, Parkplatz und Bushaltestelle
Endpunkt: Schröcken-Ortsmitte (Rückfahrt zum Hochtannbergpass mit dem Bus)

Beschilderung: Kalbelesee – Körbersee – Batzenalpe – Schröcken
Einkehrmöglichkeiten: Hotel Körbersee, Batzenalpe (Mitte Juni bis Mitte September), Schröcken

WEGBESCHREIBUNG. Die Wanderung beginnt auf dem 1676 m hohen **Hochtannbergpass** mit Blick auf den nahe gelegenen **Kalbelesee**. Ein schön angelegter, breiter Weg führt dann entlang dieses Sees und weiter über einen Bergrücken zum dahinterliegenden **Körbersee** (1656 m). Hier empfiehlt sich auch ein Rundgang um diesen Bergsee, in dem sich wunderschön der felsige Gipfel des Widdersteins (2533 m) spiegelt.

Ein ebenfalls breiter Güterweg führt dann weiter zur **Batzenalpe**, einer Sennalpe, die 1998 neu errichtet wurde. In der alten Alphütte wurde das Alpmuseum „Uf'm Tannberg" eingerichtet, wo eine Sennküche mit den ursprünglichen Sennereigeräten, der Wohnraum und der Stall besichtigt werden können (Informationen über die Öffnungszeiten bei den Tourismusbüros).
Neben der Batzenalpe fließt am Fuße der steil abfallenden Nord-

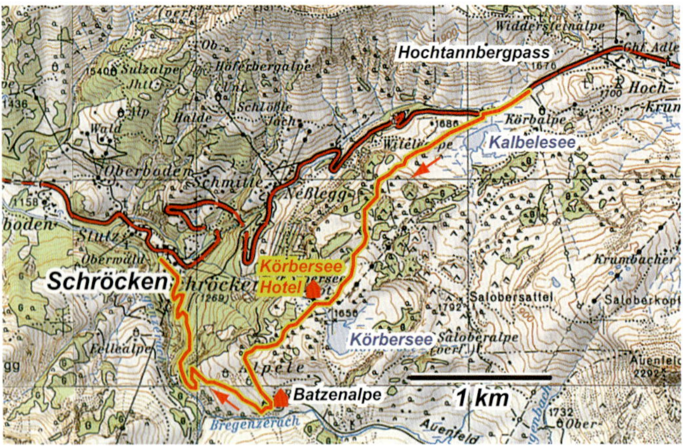

Körbersee mit Widderstein

hänge der Juppenspitze (2412 m) die hier noch „junge" **Bregenzerach** vorbei. Auf der rechten Flussseite gelangt man schließlich auf einem Güterweg hinunter in die Ortsmitte von **Schröcken** (1250 m).

GEOLOGIE UND SEEN. Hier am Tannberg hat der Bregenzerwald noch Anteil an den Nördlichen Kalkalpen. Wichtigste Gesteine sind zum einen der Hauptdolomit, der die steilen Felsgipfel der Braunarlspitze und des Widdersteins aufbaut, und zum anderen Fleckenmergel, aus welchem das sanfte, hügelige Gelände besteht, das für die Alpwirtschaft genutzt wird.
Hier haben sich auch der Kalbele- und Körbersee gebildet. Die beiden Seen sind nicht sehr tief (Kalbelesee: 4 m) und von November bis Juni mit Schnee bedeckt. Unmittelbar nach der Schneeschmelze vermehren sich die Algen durch das intensive Sonnenlicht stark. Millionen von schwebenden Kleinkrebsen finden dann nahe dem Seegrund reichlich Nahrung.

Kalbelesee mit Biberkopf

Tour 32

AUF DER ALTEN SALZSTRASSE NACH WARTH

Historischer Weg

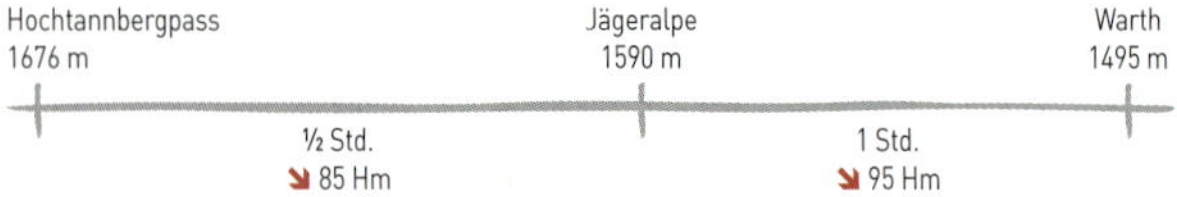

1½ Std.
180 Hm

Ausgangspunkt: Hochtannbergpass, Parkplatz und Bushaltestelle
Endpunkt: Warth-Ortsmitte (Rückfahrt zum Hochtannbergpass mit dem Bus)
Beschilderung: Warth (alte Salzstraße)
Einkehrmöglichkeiten: Hotel Adler, Jägeralpe, Warth

WEGBESCHREIBUNG. Am Ausgangspunkt beim **Hochtannbergpass** (1676 m) bietet sich zum Start noch ein kurzer „Gipfelsturm" auf den **Simmel** (1700 m) mit dem Weltfriedenskreuz an (Gehzeit hin und retour: zusätzlich ½ Stunde). Von oben hat man einen herrlichen Überblick auf das Gebiet von Hochkrumbach mit dem Kalbelesee. Auf halber Höhe steht zudem auf aussichtsreichem Platz die **Kapelle St. Jakob**, die im 16. Jahrhundert von den Walsern erbaut wurde. Der Wanderweg führt auf der alten Salzstraße hinunter zur **Jägeralpe** und dann weiter – vorbei an der **Holzbodenalpe** – ins verzweigte Siedlungsgebiet von **Warth**. Ab hier bieten sich schöne Blicke ins Lechtal mit einem markanten Felsgipfel, dem Biberkopf (2599 m). Sehenswert sind am Ende der Wanderung die Pfarrkirche von Warth (1495 m) sowie vereinzelte noch erhaltene alte Walserhäuser (ein sehr schönes Gebäude steht direkt neben der Kirche).

Kapelle St. Jakob in Hochkrumbach, im Hintergrund links der Biberkopf

WALSERBESIEDELUNG UND SALZSTRASSE. Im späten 14. Jahrhundert haben sich Walser aus dem Schweizer Kanton Wallis in der Region Tannberg niedergelassen. Sie besiedelten die Gemeinden Lech, Schröcken, Warth und Mittelberg (Kleinwalsertal) und bildeten bis 1806 das Walsergericht Tannberg. Das Kleinwalsertal hat sich aber bereits 1563 abgelöst. Die Walser weiteten den Dauersiedlungsraum bis in Höhenlagen um 1700 m aus und bauten in Hochkrumbach auch eine eigene Kapelle. Im 19. Jahrhundert kam es nicht zuletzt auf Grund von Holzmangel zu Existenzproblemen in diesen hochgelegenen Standorten. Damit begann wieder die Entsiedelung von Hochkrumbach, das noch um 1825 von 12 Familien bewohnt war. Bis vor einigen Jahrzehnten war Warth eine reine Bergbauerngemeinde. Durch die Lage an der alten Salzstraße, die vom Lechtal und Allgäu über den Hochtannbergpass in den Bregenzerwald führte, gab es Nebenverdienste durch den Saumverkehr. Mit dem Bau von Fahrstraßen Anfang des 20. Jahrhunderts begann der Aufschwung zum heutigen Fremdenverkehrsort.

Walserhaus in Warth

Tour 33

ÜBER DEN SALOBERKOPF ZUM KÖRBERSEE

Gipfel- und Sagenweg

Bergstation Steffisalpe 1884 m		Saloberkopf 2043 m		Körbersee 1656 m		Hochtannbergpass 1676 m
	1¼ Std. ↗ 160 Hm		¾ Std. ↘ 385 Hm		1¼ Std. ↗ 100 Hm ↘ 80 Hm	

3¼ Std. ↗ 260 Hm ↘ 465 Hm

Ausgangspunkt: Warth, Bergstation Steffisalpbahn
Endpunkt: Hochtannbergpass (Rückfahrt nach Warth mit dem Bus)

Wegverlauf: Krumbacher Alpe – Saloberkopf – Körbersee – Hochtannbergpass *über Falkenkopf*
Einkehrmöglichkeiten: Hochalphütte, Hotel Körbersee, Hotel Adler

WEGBESCHREIBUNG. Nach der Auffahrt mit dem Sessellift „Steffisalp-Express“ wandert man von der **Bergstation** (1884 m) zum „Spitzigen Stein“ und weiter – vorbei an schönen kleinen Gebirgsseen – zur **Krumbacher Alpe**, wo die Hochalphütte zur Einkehr einlädt. Von hier ist es nicht mehr weit zum **Saloberkopf** (2043 m), auf dem die Bergstationen der Skilifte stehen. Entlang des Weges hat man ständig schöne Ausblicke in die mächtige Bergwelt im Tannberggebiet. So sieht man z. B. die Mohnenfluh, Braunarlspitze, Hochkünzelspitze und den beeindruckenden Widderstein.
Der Weg führt hinab zum **Salobersattel** (1794 m) und weiter zum idyllisch gelegenen **Körbersee** (1656 m). Entlang des Weges sind scharfkantige Rillen und Karren zu sehen. Dies sind Erscheinungsformen des Karstes im Kalkgestein dieser Region.

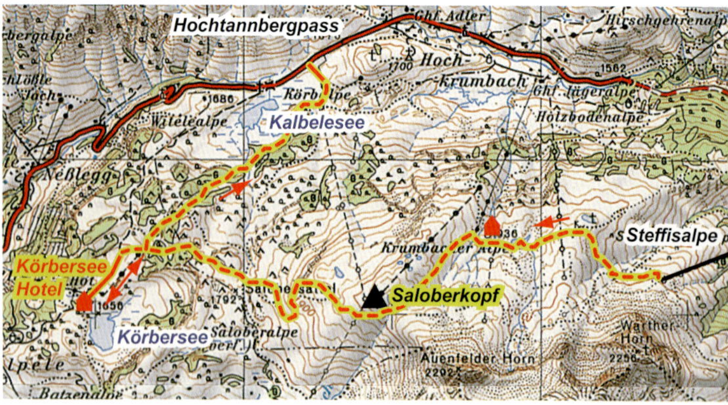

Körbersee mit Braunarlspitze

Für die letzte Etappe zum **Hochtannbergpass** (1676 m) bietet sich die Wanderung über den **Falkenkopf** an. Man braucht dafür zwar etwas länger als auf dem breiten Schotterweg, kommt aber dafür nochmals in unberührte Natur abseits des Hauptwanderpfades. Zudem genießt man schöne Blicke auf den Kalbelesee und den imposanten Widderstein.

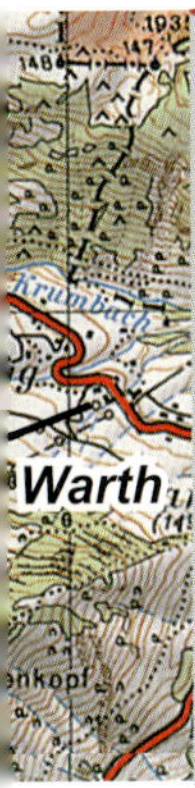

WIE DER KALBELESEE ENTSTANDEN IST. Auf dem Tannberg lebte zu Vorzeiten ein Bauer, der ein überaus schönes Kalb besaß, welches er nicht genug bewundern konnte und in das er ganz vernarrt war. In seiner Verblendung ging er so weit, das Kalb wie ein Menschenkind zu taufen. Zur Strafe öffnete sich der Boden und verschlang Bauer und Kalb. An dieser Stelle entstand ein See, der noch heute Kalbelesee heißt.

Blick vom Bödele in den hinteren Bregenzerwald

MEHRTÄGIGE WANDERUNGEN DURCH DEN BREGENZERWALD

Blick vom Holdamoos in Au zur Kanisfluh

ÖSTLICHE HÖHENROUTE

Sulzberg – Hittisau – Sibratsgfäll – Schönenbach – Au

Tag 1

SULZBERG – RIEFENSBERG – KOJEN – HITTISAU

Sulzberg 1013 m		Weißach 580 m		Riefensberg 780 m		Gehrenalpe 1354 m		Hittisau 790 m
	1¼ Std. ↘ 435 Hm		1 Std. ↗ 200 Hm		2¼ Std. ↗ 575 Hm		1½ Std. ↘ 565 Hm	

6 Std.
↗ 775 Hm
↘ 1000 Hm

Ausgangspunkt: Sulzberg-Ortsmitte
Endpunkt: Hittisau-Ortsmitte
Beschilderung: Riefensberg – Kojen – Moosalpe – Hittisau (über Gfäll)

Einkehrmöglichkeiten: Sulzberg, Riefensberg, Moosalpe, Hotel Hochhäderich, Hennenmoosalpe, Hittisau

WEGBESCHREIBUNG. Vom Dorfplatz **Sulzberg** (1013 m), welcher mit seiner Lage auf über 1000 m Meereshöhe eine herrliche Aussicht in den Bregenzerwald bietet, wandert man durch die Parzelle **Simlisgschwend** hinunter zur **Weißach** (580 m). Diese wird auf der alten, gedeckten Holzbrücke bei Wandfluh überquert. Von hier geht es – vorbei an der Parzelle **Springen** mit einer 1736 erbauten Kapelle zu den hll. Martin und Wendelin mit sehenswertem Barockaltar – wieder hinauf bis in die Ortsmitte von **Riefensberg** (780 m). Hier bietet sich eine Rast oder auch die Besichtigung der sehenswerten

Weißach mit Wandfluhbrücke

Kojenmoor mit Moosalpe

„Juppenwerkstatt“ (siehe Kasten S. 28) an.
Nach dem Aufenthalt in dem beschaulichen Dorf führt der Weg dann recht steil bergauf bis zum **Steinernen Tor** (1280 m). Dabei müssen 500 Höhenmeter überwunden werden. Der steinerne Naturtorbogen ist allerdings nicht mehr vollständig vorhanden. Hier oben öffnet sich ein schöner Blick Richtung Süden. Man schaut hinunter auf das Kojenmoor und zum Höhenzug des Hochhäderich.
Nach kurzem Abstieg erreicht man die **Moosalpe** und quert dann auf einem eigens angelegten, trockenen Weg das sumpfige Gelände des **Kojenmoores**, eines Latschenhochmoores, welches zu den schönsten Moorgebieten Vorarlbergs zählt und 1978 unter Naturschutz gestellt wurde. Bis 1963 wurde hier auch Torf abgebaut und als Einstreumittel in den Ställen verwendet.
Nach dem Kojenmoos führt ein sehr gut ausgebauter Güterweg hinauf zum Hochhäderich-Höhenzug. Bei der **Gehrenalpe** (1354 m) erreicht man den höchsten Punkt der Wanderung und geht nun abwärts über die **Lad- und Gschwendalpe** in die Hittisauer Parzelle **Gfäll**. Hier steht die 1938 erbaute Wendelinkapelle. Wendelin bedeutet „Wanderer, Pilger“ (althochdeutsch), er ist Schutzpatron der Bauern. Die Kapelle wurde errichtet, um den Schülern von **Bolgenach** einmal wöchentlich den Messbesuch zu ermöglichen.
Kurz nach Gfäll überquert man die Bolgenach und spaziert gemütlich hinauf in die Ortsmitte von **Hittisau** (790 m).

Tag 2

HITTISAU – RENKKNIE – SIBRATSGFÄLL

Hittisau 790 m — 1½ Std. ↗ 250 Hm — Sausteig 1040 m — 1 Std. ↗ 370 Hm — Renkknie 1411 m — 1 Std. ↘ 480 Hm — Sibratsgfäll 929 m

3½ Std.
↗ 620 Hm
↘ 480 Hm

Ausgangspunkt: : Hittisau-Ortsmitte
Endpunkt: Sibratsgfäll-Ortsmitte
Einkehrmöglichkeiten: Hittisau, Sausteig, Hocheggalpe, Sibratsgfäll

Beschilderung: Richtung Sibratsgfäll bis Sausteig – Renkknie – Hocheggalpe – Sibratsgfäll

WEGBESCHREIBUNG. In **Hittisau** beginnt die Wanderung auf einer wenig befahrenen Straße hinauf in die hochgelegene Parzelle **Stöcken** am Fuße des Hittisberges. Da die Tagesetappe nicht sehr lang ist, bietet sich hier ein kurzer Abstecher in das Bergsturzgebiet der **Rappenfluh** an (Dauer: ca. 10 Minuten). Von Stöcken (920 m) hat man noch einen schönen Blick zurück auf Hittisau, ehe man auf einem Güterweg den Wald betritt. Durch Rodungen wurde hier Alpgelände erschlossen, welches für die Wanderer willkommene Aus-

Blick auf Sibratsgfäll, im Hintergrund die Gottesackerwände und der Hohe Ifen

blicke gewährt. Besonders von den **Hinterbergalpen** mit ihren stattlichen Häusern hat man eine gute Sicht auf das Gebiet des Winterstaude-Höhenrückens südlich von Schetteregg.

Nach der Durchquerung des langgezogenen Gebietes der Hinterbergalpen kommt man hinauf in die Parzelle **Sausteig** (1040 m). Hier lädt neben Gasthäusern auch ein **Naturmoorbad** (Wassertrete, zwei Moorbecken, einfache Duschmöglichkeit) zur Erfrischung ein. Das schwefelhaltige Moor eignet sich bestens bei Durchblutungsstörungen, Rheuma und verschiedenen Gelenksbeschwerden. Von Sausteig aus hat man bereits einen grandiosen Blick auf Sibratsgfäll und das Gottesackerplateau mit dem Hohen Ifen (2230 m).

Für gemütliche Wanderer bietet sich hier an, als Alternative entlang der alten Straße nach Sibratsgfäll zu spazieren (Gehzeit: 30 Minuten).

Unsere Höhenroute führt nun weiter bergwärts zum Gipfel des **Renkknies**, der nach etwa einer Stunde Gehzeit erreicht wird. An diesem waldfreien Punkt auf 1411 m genießt man einen schönen Rundblick. Eine besonders gute Sicht hat man auf das lange Balderschwangertal im Norden. Nach dem Renkknie spaziert man entlang des Bergkammes hinüber zur **Hochriesalpe** (1380 m). Danach schlängelt sich ein Güterweg, der an mehreren bewirteten Alpen vorbeiführt (Bereuters Riesalpe mit Schausennerei), hinab in die Ortsmitte von **Sibratsgfäll** (929 m).

Naturmoorbad in Sausteig

DAS „GELDLOCH" BEI HITTISAU. Im Bergsturzgebiet der **Rappenfluh** an der Subersach, wohin sich der Sage nach zur Franzosenzeit manche Einwohner von Hittisau flüchteten, finden sich unter großen, von Tannen und Gestrüpp bedeckten Felsblöcken viele Höhlen, deren wunderlichste und tiefste wohl das „Geldloch" ist. Mit einem Licht steigt man hinab wie in einen Keller. Dort soll, von einem schwarzen Pudel gehütet, ein beträchtlicher Geldschatz versteckt sein.

Tag 3

SIBRATSGFÄLL – SCHÖNENBACH – AU

Sibratsgfäll 929 m		Schönenbach 1025 m		Stogger Sattel 1415 m		Au 790 m
	2¼ Std. ↗ 95 Hm		1½ Std. ↗ 390 Hm		1¾ Std. ↘ 625 Hm	

5½ Std.
↗ 485 Hm
↘ 625 Hm

Ausgangspunkt: Sibratsgfäll-Ortsmitte
Endpunkt: Au bzw. Schoppernau
Beschilderung: Schönenbach – Au *über Osterguntenalpe*

Einkehrmöglichkeiten: Sibratsgfäll, Krähenberg, Schönenbach, Au, Schoppernau

WEGBESCHREIBUNG. Vom ruhigen Dorfplatz **Sibratsgfäll** (929 m) beginnt diese Tagesetappe mit einem Abstieg zur **Rubach**. Danach gelangt man ins Gebiet der **Krähenbergalpen**, von wo ein schöner Weg ohne viel Höhenunterschied bis nach Schönenbach führt. Dabei wandert man auch durch eine Schlucht, die sich die Subersach zwischen Hengstig und Plessigkopf geschaffen hat. Danach überquert man die Subersach und spaziert in die Vorsäßsiedlung **Schönenbach** (1020 m) mit ihren zahlreichen Hütten. Hier bietet sich eine Pause und kurze Besichtigung an (siehe Kasten auf Seite 82). Entlang des

Berbigen-Berggut mit Diedamskopf (links)

Au mit Kanisfluh

Osterguntenbaches zwischen dem Hirschberg auf der rechten Seite und dem Diedamskopf auf der linken Seite steigt man dann hinauf zum **Stogger Sattel** (1415 m). Von diesem Passübergang bietet sich nun ein wunderschöner Ausblick Richtung Süden in den hinteren Bregenzerwald mit seiner über 2000 m hohen Bergkulisse.
Beim Abstieg nach Au kommt man vorbei am **Berbigenvorsäß** mit ähnlich vielen Hütten und einer Sennerei wie in Schönenbach. Diese Vorsäßstufe hat sich knapp unterhalb 1200 m Höhe zwischen den Heimgütern und den Alpen zur optimalen Ausnutzung des Futters gebildet. Auf dem weiteren Weg ins Tal erreicht man **Berngat** (1040 m), wo mitten im Wald eine kleine Wallfahrtskapelle mit einer „Schwarzen Madonna“ steht. Nach ca. 50 Minuten gelangt man von Berngat hinunter in die Ortsmitte von **Au**. Nach **Schoppernau** verlängert sich die Gehzeit um ca. 20 Minuten.

Berngat-Kapelle

Blick von Giblen auf die Bregenzerach bei Schnepfau (vorne) und Mellau

ACHROUTE

Sulzberg – Bregenzerach – Egg – Andelsbuch – Bezegg – Reuthe – Mellau – Au

Tag 1

SULZBERG – DOREN – WEISSACHMÜNDUNG – ACHSCHLUCHT (ALTE BAHNTRASSE) – EGG

Sulzberg 1013 m — 1¾ Std. ↘ 315 Hm — Doren 700 m — 1¼ Std. ↘ 240 Hm — Bregenzerach (Weißachbrücke) 460 m — 2¼ Std. ↗ 90 Hm — Egg 550 m

5¼ Std.
↘ 555 Hm
↗ 90 Hm

Ausgangspunkt: Sulzberg-Ortsmitte
Endpunkt: Egg-Ortsmitte
Einkehrmöglichkeiten: Sulzberg, Doren, Egg

Beschilderung: Ober – Stocker – Doren – Weißachbrücke – alte Bahntrasse – Egg

WEGBESCHREIBUNG. Auf dem Höhenrücken von **Sulzberg** (1013 m) wandert man durch die Parzellen **Ober** und **Stocker** hinunter in die Gemeinde **Doren** (709 m). Von der Ortsmitte führt hier ein Fußweg hinab zur Parzelle **Rain** und weiter bis zur **Mündung der Weißach** in die Bregenzerach (460 m). Hier befinden sich auch ein kleines Feuchtbiotop und wunderbare Badetümpel in der Weiß-

Alte Bahntrasse an der Bregenzerach mit ehemaligem Bahnhof Lingenau

ach. Nun betritt man die alte Trasse der Bregenzerwaldbahn, auf der man in ca. 2½ Stunden nach Egg (550 m) gelangt. Man wandert stets entlang der **Bregenzerach**, die sich diese schöne Schluchtlandschaft im Laufe von Jahrtausenden geschaffen hat. Hier trifft man den Fluss höchst unterschiedlich an. Nach Regen und Gewittern kann die Bregenzerach ein reißender Gebirgsfluss sein, bei Schönwetter präsentiert sie sich mit glasklarem Wasser und Tümpeln, die zum Baden einladen. Tatsächlich gibt es entlang der Strecke einige Zugänge zum Wasser (nicht über die steile Böschung hinabsteigen!). Die Achschlucht ist mit ihren urwaldartigen Hangwäldern, der reichen Biotopgliederung und dem Fluss selbst ein Gebiet von weitgehender Ursprünglichkeit. Auch sind an manchen Stellen Felsstürze und Hangrutschungen zu sehen, die mitverantwortlich für die Auflassung der Bahnstrecke waren. Im Jahr 2007 haben neun Künstler am Langenegger Abschnitt der Bahntrasse Kunstobjekte aus Holz angefertigt, die am Wegrand bestaunt werden können.

Wenn man in der Gegend von Müselbach den Blick Richtung Himmel lenkt, sieht man hinauf zur großen Hochbrücke. Sie wurde 1967 erbaut und war damals die größte Stahlbeton-Bogenbrücke Europas. Sie überquert die Bregenzerach auf einer Höhe von 90 m und hat eine Spannweite von 210 m.

Nach knapp 2 Stunden Gehzeit entlang der Bregenzerach passiert man den alten **Bahnhof „Lingenau-Hittisau“**, den der Bregenzerwälder Baumeister Giovanni Bertolini im Jahr 1910 gebaut hat. Zum alten Bahnhof gehörte auch eine Bahnhofsrestauration. Nach Auflassen des Bahnbetriebes im Jahr 1985 war das Gebäude dem Verfall preisgegeben. Kürzlich wurde es komplett saniert und erstrahlt nun in neuem Glanz. Es ist eine stimmige Verbindung aus Tradition und Moderne entstanden und wird vom Outdoor-Unternehmen HIGH 5 (ausgezeichnet mit dem Innovationspreis für Tourismus) benutzt. Offiziell ist dieses Erlebnis-Center mit Rafting und Canyoning-Angeboten vom 1. Mai bis 31. Oktober in Betrieb, Wanderer können in dieser Zeit auch die Bar nutzen und Getränke konsumieren.

Nach dem alten Bahnhof erreicht man bald die Brücke, wo die Subersach in die Bregenzerach mündet. Von hier sind es noch ca. 40 Minuten nach **Egg** (550 m), dem Endpunkt dieser Etappe.

BAUMEISTER BERTOLINI

Der Baumeister Giovanni Bertolini, 1859 im Nonstal/Italien geboren, arbeitete beim Arlbergbahntunnel und gelangte danach in den Bregenzerwald. Die Nachfrage nach Bauleuten war dort groß. Wichtige Bauten Bertolinis waren neben zahlreichen Gebäuden und Brücken auch die Flexenstraße, die Damülser Straße und Teilstücke der Bregenzerwaldbahn-Trasse. Er starb 1931 in Egg.

Bregenzerachschlucht zwischen Alberschwende und Lingenau/Langenegg

EGG – ANDELSBUCH – BEZEGG – REUTHE – MELLAU – AU

Tag 2

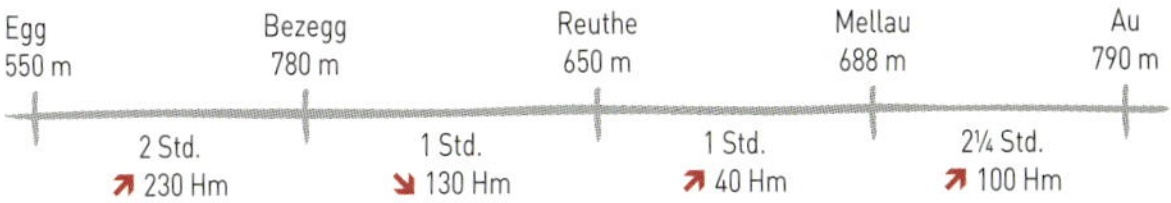

6¼ Std.
↗ 370 Hm
↘ 130 Hm

Ausgangspunkt: Egg-Ortsmitte
Endpunkt: Au-Ortsmitte
Beschilderung: Andelsbuch *Radweg* – Bezegg – Reuthe *Achuferweg* – Hinterreuthe – Mellau – Richtung Hirschau *Achdammweg* – Au
Einkehrmöglichkeiten: Egg, Andelsbuch, Bezau (Café Natter), Mellau, Au

WEGBESCHREIBUNG. Diese Tagestour ist mit einer Gehzeit von 6 Stunden relativ lang. Es ist durchaus auch denkbar, in Bezau bzw. Mellau zu übernachten. Die Gehzeit von Egg bis Bezau beträgt 2¾ Stunden, von Egg nach Mellau sind es 3½ Stunden.
Die Etappe beginnt in **Egg** (550 m) mit einem Spaziergang auf der alten Bahntrasse nach **Andelsbuch** (613 m). Von dem Wälderdorf mit seinem markanten und modernen Gemeindehaus, das auf vier Pfeilern ruht (Erinnerung an das Rathaus auf der Bezegg), geht man weiter auf der alten Bahntrasse bis zum **Stausee Bezegg**. Ganz in der

Bezegg mit Bezeggsul

Nähe befindet sich eine neu errichtete Wassertretanlage, die für eine Erfrischung der Beine sorgt. Nun folgt man der historischen Route über die **Bezegg** (780 m) Richtung Bezau. Eine Steinsäule erinnert auf der Bezegg an den Standort des alten Rathauses der Bauernrepublik, welches hier seit dem Mittelalter bis 1807 stand. Es war eine Art Pfahlbau, in dem die Abgeordneten eingesperrt und erst wieder über eine Leiter herausgelassen wurden, wenn sie die entsprechenden Beschlüsse gefasst hatten.

Bei der Kapelle auf der Bezegg zweigt man nun vom Hauptweg ab und gelangt über einen Fußweg hinunter in die Bezauer Parzelle **Wilbinger**. Hier steht an einem kleinen Bach die architektonisch interessante Kapelle „Maria – Arche des Bundes", erbaut 1995. Kurz nach der Kapelle trifft man wieder auf die **Bregenzerach** und spaziert auf dem **Achdammweg** bis **Reuthe** (650 m). Die etwas erhöht auf einem Felsen stehende Kirche ist das älteste Gotteshaus im hinteren Bregenzerwald (15. Jahrhundert, erweitert und erneuert 1962) und die gotischen Fresken sind eine Besichtigung wert.

Über die sogenannte „**Herburg**" führt die Wanderung weiter nach **Hinterreuthe**. Hier erreicht man bei der **Klausbrücke** (auch die alte, gedeckte Holzbrücke steht noch) wieder die **Bregenzerach** und man spaziert entlang des Flusses auf dem **Zimmerauweg** in die Ortsmitte von **Mellau** (688 m). Vom Kirchplatz führt die Straße hinaus zur Talstation der Mellauer Bergbahnen. Nördlich der Kanisfluh

Pfarrkirche Reuthe

Hinterreuthe, links im Hintergrund die Damülser Mittagsspitze

wurde die Bregenzerach begradigt und so wandert man auf einem geraden **Dammweg** entlang des Flusses.

Bei **Schnepfau** erreicht man den Durchbruch, den sich die Bregenzerach zwischen Mittags- und Kanisfluh geschaffen hat. Auch diese schöne Strecke ist entlang des Flusses bis **Au** begehbar (Dauer: ca. 1 Stunde). Wer in Au noch keine Müdigkeit verspürt, kann weiter der Bregenzerach entlang bis zum nächsten Ort **Schoppernau** wandern (Dauer: ca. 50 Minuten).

Von Schoppernau kann man der Bregenzerach noch weiter bis ins Vorsäß Hinterhopfreben folgen. Die Gehzeit dorthin beträgt 1½ Stunden (siehe Wandertipp Nr. 28).

Bregenzerach zwischen Schnepfau und Au

Wanderer in Schwarzenberg, im Hintergrund die Kanisfluh

DÖRFERROUTE

Sulzberg – Krumbach – Egg – Schwarzenberg –
Bezau – Bizau – Schnepfau – Au

Tag 1

SULZBERG – AACH IM ALLGÄU – RIEFENSBERG – KRUMBACH

Sulzberg 1013 m – 1¾ Std., ↘ 415 Hm – Weißach-Gschwendbrücke 596 m – 1 Std., ↗ 185 Hm – Riefensberg 780 m – 1¼ Std., ↘ 50 Hm – Krumbach 732 m

4 Std.
↗ 185 Hm
↘ 465 Hm

Ausgangspunkt: Sulzberg-Ortsmitte
Endpunkt: Krumbach-Ortsmitte
Einkehrmöglichkeiten: Sulzberg, Aach i. Allgäu, Riefensberg, Krumbach

Beschilderung: Gullenbach – Aach im Allgäu – Riefensberg – Krumbach
Bärentobel

WEGBESCHREIBUNG. Vom 1013 m hoch gelegenen Dorfplatz und Aussichtspunkt **Sulzberg** wandert man über die Parzellen **Landrat** und **Hermannsberg** hinunter nach **Gullenbach** (657 m). Hier lohnt sich ein kurzer Abstecher zum Wasserfall am Eibelebach und zum Eibelesee (Dauer: ca. 10 Minuten).

Blick von Sulzberg in den vorderen Bregenzerwald, im Hintergrund sind links der Hohe Ifen und in der Bildmitte die Winterstaude zu sehen

Eibelesee

Nach einem kurzen Stück auf der wenig befahrenen Straße Richtung Riefensberg erreicht man die **Gschwendbrücke** (596 m), eine alte, gedeckte Holzbrücke. Hier befindet man sich an der Grenze zu Deutschland und es beginnt der Anstieg hinauf nach Aach im Allgäu. Von **Aach** führt der Weg entlang der Straße wieder zur österreichischen Grenze. Über eine alte Fahrstraße, die für den Verkehr gesperrt ist, erreicht man das Dorf **Riefensberg** (780 m). Die letzte Etappe führt über die Parzelle **Fischer** – vorbei an der Anna-Kapelle – hinunter ins **Bärentobel**. Hier überquert man auf einem neu errichteten Steg die **Bolgenach** und steigt dann schließlich die Schlucht hinauf zur Ortsmitte von **Krumbach** (732 m).

Wasserfall am Eibelebach

Tag 2

KRUMBACH – ROTENBERG – LINGENAU – DRAHTSTEG – EGG – SCHWARZENBERG

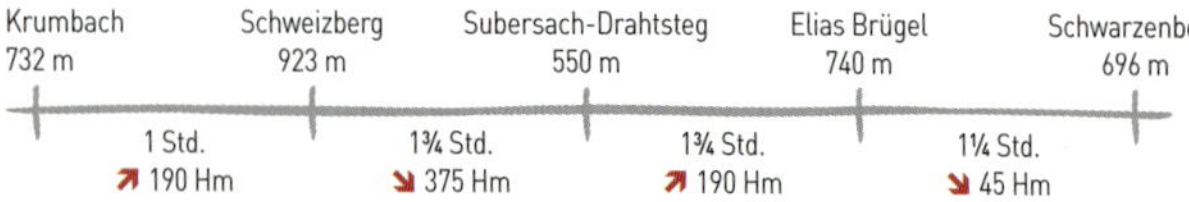

5¾ Std.
↗ 380 Hm
↘ 420 Hm

Ausgangspunkt: Krumbach-Ortsmitte
Endpunkt: Schwarzenberg-Ortsmitte
Einkehrmöglichkeiten: Krumbach, Lingenau, Egg, Schwarzenberg

Beschilderung: Schweizberg – Rotenberg – Lingenau – Egg *Drahtsteg* – Schwarzenberg

WEGBESCHREIBUNG. Von **Krumbach** (732 m) führt der Weg gleich steil hinauf zum **Schweizberg** (923 m), bietet unterwegs aber schöne Ausblicke auf das Dorf. Vom Schweizberg wandert man hinüber zum weitläufigen **Rotenberggebiet**. Hier wählt man die Abzweigung hinunter nach **Lingenau** (685 m). Man wandert entlang eines gut ausgebauten Güterweges und erreicht das Dorf nach etwa 40 Minuten Gehzeit. Von der Ortsmitte folgt man dem Weg in

Blick vom Schweizberg auf Krumbach

Weg zum „Galgenbühel“ in Egg

die Parzelle **Rain** und erreicht dann die **Subersachschlucht**. Nach dem Abstieg in die Schlucht wird die Subersach auf einem **Drahtsteg** überquert und man muss auf der anderen Seite wieder hinauf auf das **Großdorfer Feld**.

Zwischen dem Großdorfer Feld und der etwas tiefer liegenden Terrasse von Egg befindet sich der „Galgenbühel“. In Egg war bis 1806 das Hochgericht für den hinteren Bregenzerwald. Unter einem Lindenbaum war hier die Blutgerichtsstätte. Der Ablauf der öffentlichen Verhandlung war im Landsbrauch genau geregelt. Das über den Angeklagten gefällte Urteil war grundsätzlich endgültig und wurde in der Regel sofort nach der Urteilsverkündung vollstreckt. Vom 15. bis zum Ende des 18. Jahrhunderts wurden bei diesem „Malefizgericht unter den Linden“ zahlreiche Todesurteile gefällt.

Über die Parzelle **Mühle** gelangt man schließlich in die Ortsmitte von **Egg** (550 m). Nach dem Aufenthalt in dem Dorf wandert man zuerst Richtung Westen bis zur Gedenkstätte „**Elias Brügel**“. Die Inschrift auf dem Grabstein lautet: „Er war von 1625 bis 1635 Pfarrer in Egg und starb daselbst mit 250 Pfarrkindern an Pest“. Hier bieten sich zwei gleich lange Strecken nach **Schwarzenberg** an (Dauer: jeweils 1¼ Stunden): die eine Route führt über Stangenach (Annakapelle), die andere, aussichtsreichere Route über Maien (Theresienkapelle).

Tag 3

SCHWARZENBERG – BERSBUCH – BEZEGG – BEZAU

Schwarzenberg 696 m		Bregenzerach 580 m		Bezegg 780 m		Bezau 650 m
	½ Std. ↘ 115 Hm		2 Std. ↗ 200 Hm		½ Std. ↘ 130 Hm	

3 Std.
↗ 200 Hm
↘ 245 Hm

Ausgangspunkt: Schwarzenberg-Ortsmitte
Endpunkt: Bezau-Ortsmitte
Beschilderung: Bersbuch – Bezegg *über Vorsäß Berg* – Bezau
Einkehrmöglichkeiten: Schwarzenberg, Bersbuch, Bezau

WEGBESCHREIBUNG. In **Schwarzenberg** (696 m) ist der historische Dorfplatz mit Kirche (Bilder von Angelika Kauffmann; siehe Kasten auf Seite 58), Gasthäusern und altem Tanzhaus sowie das Heimatmuseum eine Besichtigung wert, ehe man dem Wegweiser Richtung Bersbuch folgt. Der Weg führt hinunter zur Parzelle **Loch**, vorbei an einem Waldrand, durch Wiesen und Felder. Danach kommt man zur **Bregenzerach** und überquert diese auf einer alten Bogenbrücke.

Schwarzenberg

Bersbuch

Sie wurde 1886 errichtet (Brückenbau durch Giovanni Bertolini; siehe Kasten auf Seite 125) und war bis 1969 (Bau einer neuen Brücke) für den Fahrverkehr in Betrieb.
Vom Bahnhof der Museumsbahn in **Bersbuch** (696 m) führt nun ein Wanderweg hinauf ins **Klausberggebiet** mit zahlreichen kleinen Vorsäßen und man gelangt schließlich auf die **Bezegg** (780 m). Hier steht im Feld nahe dem Güterweg die Bezegg-Sul, die an das alte Rathaus erinnert, das bis 1807 hier stand (siehe Kasten auf Seite 68). Auf einem breiten Fahrweg spaziert man nun gemütlich hinunter nach **Bezau** und genießt dabei erste schöne Ausblicke auf das Dorf.

Bezau

Tag 4

BEZAU – REUTHE – BIZAU – SCHNEPFEGG – SCHNEPFAU – AU

Bezau 650 m		Bizau 680 m		Schnepfegg 870 m		Schnepfau 734 m		Au 790 m
	1¼ Std. ↗ 30 Hm		¾ Std. ↗ 190 Hm		¼ Std. ↘ 135 Hm		1¼ Std. ↗ 55 Hm	

3½ Std.
↗ 275 Hm
↘ 135 Hm

Ausgangspunkt: Bezau-Ortsmitte
Beschilderung: Reuthe – Bizau – Schnepfegg – Schnepfau – Au

Endpunkt: Schoppernau-Ortsmitte
Einkehrmöglichkeiten: Bezau, Reuthe, Bizau, Schnepfegg, Schnepfau, Au

WEGBESCHREIBUNG. Von der Ortsmitte beim Bildungshaus **Bezau** (650 m) spaziert man auf ebenem Weg durch die Parzellen **Greben** und **Ellenbogen** (hier entlang des kleinen, romantischen Mühlebaches) nach **Reuthe** (650 m). Dabei „erklimmt" man den Kirchfelsen mit der ältesten Kirche des Hinterbregenzerwaldes (gotischer Altarraum samt Fresken aus dem 15. Jahrhundert; markanter, hölzerner Turmhelm). Hier wendet der Weg ostwärts und man

Blick vom Reuthener Moor nach Bizau, im Hintergrund links die Gottesackerwänd

erreicht bald das „Moorbad" Reuthe, welches zu einem modernen „Gesundhotel" (Bademöglichkeit) erweitert wurde.
Entlang des Bizauer Baches gelangt man schließlich bequem nach **Bizau** (681 m). Am Kirchplatz Bizau findet sich auch der Gebhard-Wölfle-Saal, der an den Heimatdichter erinnert. Durch die Alpgasse, auf welcher das Vieh ins Feld getrieben wird, wandert man hinaus zum **Bizauer Moos**. Hier gibt es einen neu errichteten „Barfußweg", auf dem der Untergrund (Gras, Moos, Wasser) mit allen Sinnen erfühlt und erlebt werden kann. Man sollte sich etwas Zeit für dieses besondere Erlebnis nehmen. Danach beginnt ein Anstieg durch den Wald hinauf zur schön gelegenen **Wendelin-Kapelle** (870 m) mit Kreuzweg-Stationen entlang des Weges. Auf einem schmalen Fußweg marschiert man danach wieder abwärts nach **Schnepfau** (734 m). Von hier wandert man ohne viel Höhenunterschied entlang der Bregenzerach nach **Au** (790 m). Diese Strecke ist geprägt von der Schlucht, die sich die Bregenzerach zwischen Mittags- und Kanisfluh geschaffen hat.
Von Au kann man der Bregenzerach entlang noch bis zum Nachbarort **Schoppernau** wandern (Gehzeit ca. 50 Minuten). Im Ortskern von Schoppernau stehen zahlreiche schöne Bregenzerwälder Häuser.

Älpele in Schwarzenberg, im Hintergrund der Firstgrat

WESTLICHE HÖHENROUTE

Sulzberg – Bozenau – Alberschwende – Bödele – Mellau – Wurzachsattel – Au

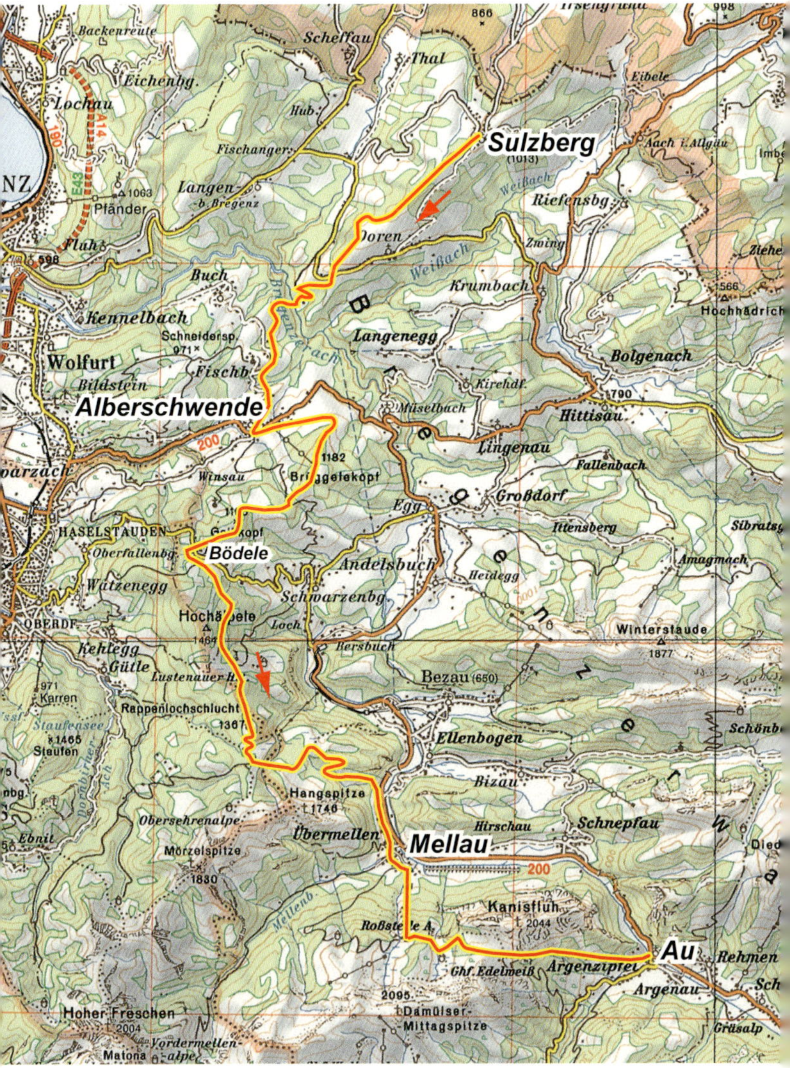

Tag 1

SULZBERG – DOREN – BOZENAU – ALBERSCHWENDE

Sulzberg 1013 m — 2¾ Std. ↘ 555 Hm — Bozenau (Bregenzerach) 457 m — 2 Std. ↗ 265 Hm — Alberschwende 722 m

4¾ Std.
↘ 555 Hm
↗ 265 Hm

Ausgangspunkt: Sulzberg-Ortsmitte
Endpunkt: Alberschwende-Ortsmitte
Einkehrmöglichkeiten: Sulzberg, Bozenau, Alberschwende

Beschilderung: Richtung Doren *über Stockreute* – Hüttersberg – Sulz – Bozenau – Alberschwende

WEGBESCHREIBUNG. Vom Dorfplatz **Sulzberg** (1013 m) genießt man zunächst den wunderbaren Ausblick in den Bregenzerwald und wandert dann den Bergrücken entlang abwärts über **Stockreute** in das Gemeindegebiet von **Doren**. Die Ortsmitte wird aber umgangen. Man gelangt durch die aussichtsreichen Parzellen **Hüttersberg** und Sulz nach **Brenden**. Hier quert man die Landesstraße

Pfarrkirche und Pfarrhof Sulzberg

Blick von Doren in den vorderen Bregenzerwald,
hinten sind der Hohe Ifen (Bildmitte) und rechts die Winterstaude zu sehen

und marschiert durch Wiesen und Wald hinunter zur **Bregenzerach** nach **Bozenau** (457 m). Auf dieser schönen Terrasse am Fluss steht der alte Bahnhof Doren der ehemaligen Bregenzerwaldbahn. Hier hat die Bregenzerach ein schönes und breites Ufer, das zur Rast einlädt. Eine große Hängebrücke führt an dieser Stelle über den Fluss und es beginnt auf der anderen Seite der Anstieg hinauf in die Gemeinde **Alberschwende** (722 m), deren Ortsmitte man über die Parzellen **Unterrain** und **Fischbach** erreicht (Gehzeit ab Bozenau: 2 Std.).

Hängebrücke in Bozenau

Tag 2

ALBERSCHWENDE – TANNEN – BRÜGGELE – BÖDELE

Alberschwende 722 m — 1½ Std. ↗ 460 Hm — Brüggelekopf 1182 m — ½ Std. ↘ 135 Hm — Lorenapass 1045 m — 1¼ Std. ↗ 95 Hm — Bödele 1140 m

3¼ Std.
↗ 555 Hm
↘ 135 Hm

Ausgangspunkt: Alberschwende-Ortsmitte
Endpunkt: Bödele
Übernachtung: Gasthof Fetz (Bödele)

Beschilderung: Tannen – Brüggelekopf – Lorenapass – Bödele
Einkehrmöglichkeiten: Alberschwende, Brüggele, Berchtoldshöhe, Bödele

WEGBESCHREIBUNG. Am Kirchplatz mit der großen Pfarrkirche von **Alberschwende** (722 m) steht eine mehrhundertjährige Dorflinde. Hier beginnt die Wanderung – vorbei an der **Merbodkapelle** (erbaut 1742 als Wallfahrtskapelle; siehe Kasten auf Seite 53) – in die schön gelegenen Parzellen **Lanzen** und **Tannen**. Für den Anstieg zum **Brüggelekopf** (1182 m) kann dann entweder der breite Fahrweg (Dauer: 1¼ Std.) oder der Kammweg (Fußweg, Dauer: 1 Std.) gewählt werden. Vom Gipfel hat man einen schönen Blick Richtung Bodensee und man kann sich im Alpengasthof Brüggele stärken.

Bregenzerwälderhaus in Alberschwende

Blick vom Bödele zum Geißkopf

Über das **Höhevorsäß** mit dem Gasthof Berchtoldshöhe gelangt man zum **Lorenapass** (1045 m), einem historischen Übergang vom Rheintal in den Bregenzerwald, der bereits im Mittelalter benutzt wurde. Von hier führt ein Güterweg mit wunderschönen Ausblicken in den Bregenzerwald zum **Bergvorsäß** mit mehreren privaten Hütten. Auf einem steilen Waldweg gelangt man hinauf ins Vorsäß- und Alpgebiet rund um den **Geißkopf**. Ohne viel Höhenunterschied wandert man schließlich zum **Bödele** (1140 m), einem wichtigen Passübergang ins Rheintal.

Berggasthof Berchtoldshöhe

Tag 3

BÖDELE – WEISSENFLUH – MELLAU

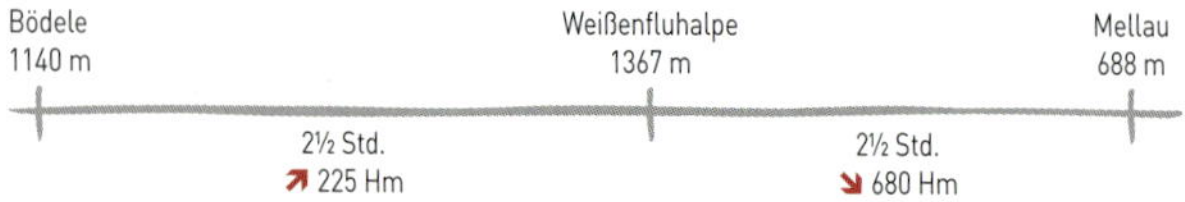

5 Std.
↗ 225 Hm
↘ 680 Hm

Ausgangspunkt: Bödele
Endpunkt: Mellau-Ortsmitte
Beschilderung: Weißenfluh – Rohralpe – Mellau

Einkehrmöglichkeiten: Bödele, Lustenauer Hütte, Bregenzer Hütte, Weißenfluhalpe, Mellau

WEGBESCHREIBUNG. Auf dem **Bödele** lohnt sich der kurze Rundgang um den Bödelesee (Dauer: ca. 15 Minuten) und die Besichtigung der Kapelle. Unterhalb der Ferienhaussiedlung, die 1901 von der Dornbirner Fabrikantenfamilie Hämmerle errichtet wurde, führt ein Güterweg zur schön gelegenen **Hochälpelealpe** (1245 m, mit Kapelle und kleinem See). Bald danach erreicht man zwei beliebte Berggasthöfe: zuerst die **Lustenauer Hütte** (1250 m), dann die **Bregenzer Hütte** (1290 m). Von Letzterer ist es noch ein kurzer

Blick vom Bödele zum Weißtannevorsäß, im Hintergrund Widderstein (links) und Kanisfluh (rechts)

Anstieg hinauf zur **Weißenfluhalpe** (1367 m), die wunderschön auf einem Aussichtsplateau liegt.
Von der Weißenfluhalpe führt ein Fahrweg hinunter zum **Hottersattel** und weiter zur **Rohralpe**, unterhalb der Hangspitze (1746 m) gelegen. Durch ein etwas sumpfiges Gelände erreicht man dann das **Schnellvorsäß**, das mit seinen zahlreichen Hütten und seiner schönen Umgebung zur Besichtigung einlädt. Anschließend folgt man einem Güterweg wieder talwärts und erreicht schließlich den Talboden direkt an der Landesstraße am Ufer der **Bregenzerach**. Auf einem Gehsteig spaziert man das kurze Stück in die Parzelle **Klaus** und dann auf der alten Straße zur Ortsmitte von **Mellau** (688 m).

Bödele-Kapelle

Weißenfluhalpe mit Hangspitze

Tag 4

MELLAU – ROSSSTELLE – WURZACHSATTEL – AU

Bergstation Roßstelle 1395 m		Wurzachsattel 1622 m		Au 791 m
	1¼ Std. ↗ 225 Hm		2 Std. ↘ 830 Hm	

3¼ Std.
↗ 225 Hm
↘ 830 Hm

Ausgangspunkt: Mellau, Roßstelle (Bergstation der Bergbahnen Mellau)
Beschilderung: Kanisalpe – Wurzachalpe – Au

Endpunkt: Au-Ortsmitte
Einkehrmöglichkeiten: Roßstelle, Wurzachalpe, Alpengasthof Edelweiß, Au

WEGBESCHREIBUNG. Diese Etappe beginnt mit einer Fahrt mit den Bergbahnen Mellau hinauf zur **Bergstation Roßstelle** (1395 m). Von hier führt ein schöner und breiter Güterweg vorbei an der **Kanisalpe** zur **Wurzachalpe** auf dem Wurzachsattel (1622 m). Danach schlängelt sich der Weg mit Blick auf die mächtige Kanisfluh wieder bergab zum **Alpengasthof Edelweiß** (1490 m). Von hier wandert man über das **Feursteinvorsäß** zum **Ahornenvorsäß**, das mit seinen vielen Hütten und einer Kapelle eindrucksvoll am Abhang der Kanisfluh liegt. Weidefläche und Berggut (Heufläche) liegen hier di-

Bregenzerwälderhaus in Au mit Kanisfluh

rekt nebeneinander, was man gut am unterschiedlichen Bewuchs erkennen kann. Vom Ahornenvorsäß sind es noch ca. 40 Minuten hinunter ins Tal in die Ortsmitte von **Au** (791 m). Nach **Schoppernau** geht man entlang der Bregenzerach bequem in ca. 50 Minuten.

BAROCKBAUMEISTER. Um 1650 war Au Sitz der berühmten Bauhandwerkerzunft, die zahlreiche bedeutende Barockbauten in der Schweiz und in Süddeutschland errichteten (z. B. die Klöster Einsiedeln, St. Gallen, Birnau am Bodensee). Bekannte Baumeister waren Michael Beer, Franz Beer und Kaspar Moosbrugger. Auch die Pfarrkirche Au (Bild) ist mit ihren herrlichen Decken- und Wandgemälden und den schönen Stuckaturarbeiten sehenswert.

Biberacher Hütte

Au
Argenau
Argenzipfel
Rehmen
Lebernau
Halde
Wieden
Steig
Schoppernau
852
Gräsalp
845
Goßlachenalpe
1232
Brendleralpe
1398
Lug
1767
Armengemach
Bodenvorsäß
1215
Säckelalpe
1727
Bergkristallhütte
Tobelalpe
1247
Gräsalpe
1281
Hochalpe
1752
Hochalpe
1911
1 km
Geißlitten
1895
Toblermann
2010
Oberschalz
1296
Annalperaualpe
1364
Annalpe
Annalper Stecken
2124
2043
Unt. Gautalpe
Hörnle
Töbelealpe
Neugunten
Ob. Gautalpe
Rubhwannek
Nd. Künzelspitze
2156
Töbelejoch
2101
Töbelekar
Grünes
2201
Gräshorn
Wildes
2258
Kilkaschrofen
Schöneberg
2282
Hochkünzelspitze
2397
Glattjöchl
2260
Glattjöchlsp.
2106
Schadonapaß
1846
Biberacher Hütte
Ischgarneialpe
1518
Schadonaalpe
Oberlutalpe
1585
Überlutalpe
Tag 1
Au bzw. Schoppernau – Biberacher Hütte

Tag 1

AU BZW. SCHOPPERNAU – BIBERACHER HÜTTE

Au 790 m – 1½ Std. ↗ 425 Hm – Bodenvorsäß 1215 m – 3 Std. ↗ 885 Hm – Töbelejoch 2100 m – 2 Std. ↘ 255 Hm – Biberacher Hütte 1846 m

6½ Std.
↗ 1310 Hm
↘ 255 Hm

Ausgangspunkt: Ortsmitte von Au oder Schoppernau
Endpunkt: Biberacher Hütte
Einkehrmöglichkeiten: Bergkristallhütte (Bodenvorsäß), Biberacher Hütte

Beschilderung: Bodenvorsäß *Bergkristallhütte* – Töbelejoch – Biberacher Hütte
Übernachtung: Biberacher Hütte

WEGBESCHREIBUNG. Man kann die Wanderung sowohl in Au (790 m) als auch in Schoppernau (840 m) beginnen. Die beiden Wege treffen sich kurz vor dem **Bodenvorsäß**. Die Gehzeit bis zum Bodenvorsäß (1215 m) beträgt dabei sowohl von Au als auch von Schoppernau etwa 1½ Stunden. Dabei müssen ca. 425 bzw. 375 Höhenmeter überwunden

Bodenvorsäß, im Hintergrund das Zitterklapfenmassiv

Biberacher Hütte mit Hochkünzelspitze

werden. Von Au wandert man auf einem Güterweg hinauf bis zum Bodenvorsäß, von Schoppernau aus ist es großteils ein Fußweg. Die schön gelegene Vorsäßsiedlung besteht aus mehreren Hütten, einer Kapelle und einem Alpengasthof. Der Weg führt dann weiter aufwärts zur **Annalperaualpe** (1364 m) und zur **Töbelealpe** (1626 m), welche bereits über der Waldgrenze liegt. Ein schmaler Pfad schlängelt sich nun durch die alpine Region hinauf zum **Töbelejoch** (2100 m), dem höchsten Punkt der Wanderung. Mit Blick ins Große Walsertal und auf die mächtige Rote Wand im Süden wandert man leicht bergab zur **Biberacher Hütte** (1846 m). Sie liegt mitten im Gebiet der **Schadonaalpe**, die mit ca. 1700 ha Fläche die größte Alpe des Bregenzerwaldes ist und auch ins Große Walsertal hineinreicht. Schadona wird mit rund 550 Stück Jungvieh und 400 Schafen bestoßen.

„Strubobuobo"

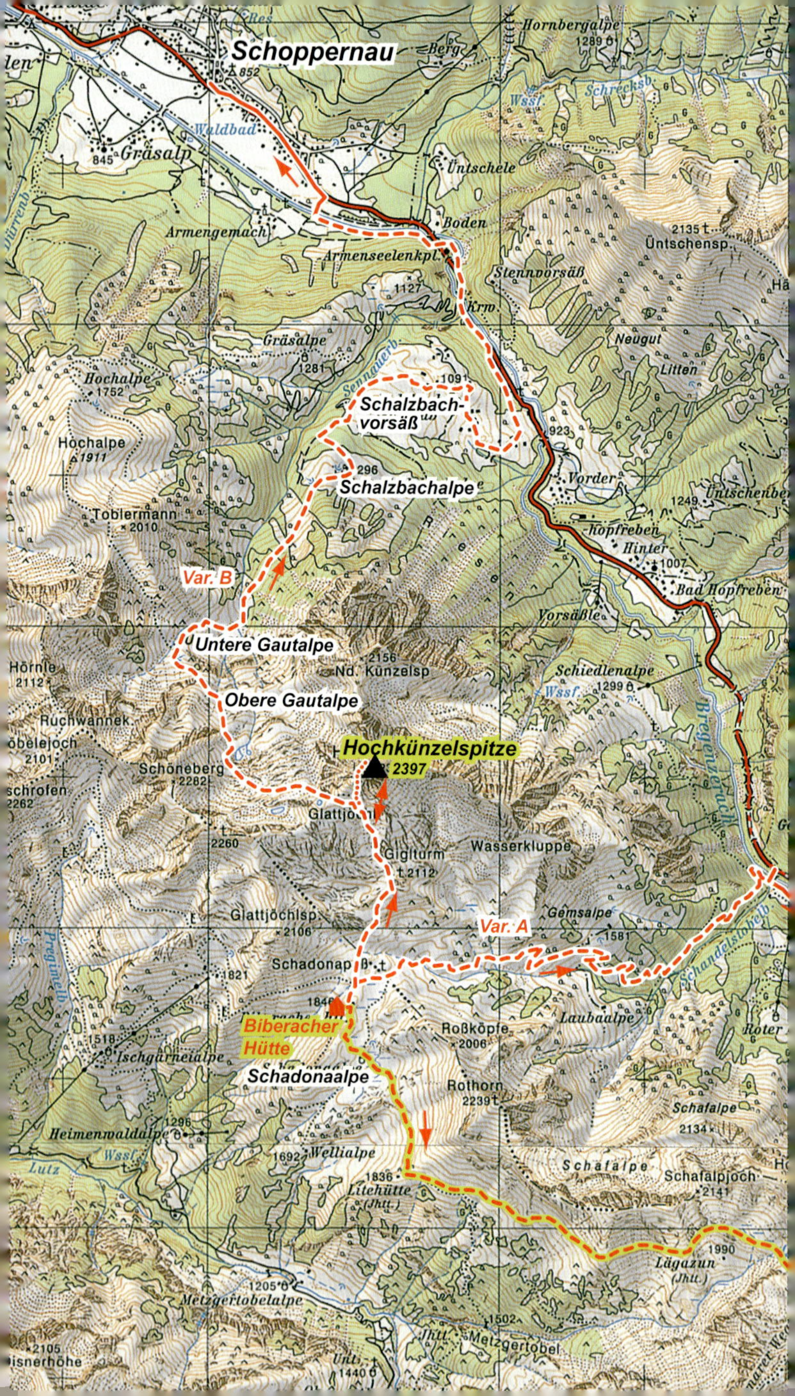
Schoppernau
852
Berg
Hornbergalpe
1289
Schrecksb.
Wssf.
Waldbad
845
Gräsalp
Üntschele
Boden
Armengemach
Armenseelenkpl.
2135
Üntschensp.
Stennvorsäß
1127
Krw.
Gräsalpe
1281
Neugut
Litten
Hochalpe
1752
109
Schalzbach-
vorsäß
923
Hochalpe
1911
296
Schalzbachalpe
Vorder
1249
Üntschenberg
Toblermann
2010
Hopfreben
Hinter
1007
Var. B
Bad Hopfreben
Vorsäßle
Untere Gautalpe
Hörnle
2112
2156
Nd. Künzelsp
Schiedlenalpe
1299
Wssf.
Obere Gautalpe
Ruchwannek
Bregenzerach
Hochkünzelspitze
2397
Schöneberg
2282
2101
schrofen
2262
Glattjöchl
2260
Gigiturm
2112
Wasserkluppe
Glattjöchlsp
2106
Gemsalpe
Var. A
1581
Schadonap
1821
1846
Schandelstobelb
Biberacher
Hütte
Roßköpfe
2006
Laubaalpe
Roter
1518
Ischgarneialpe
Schadonaalpe
Rothorn
2239
Schafalpe
2134
1296
Heimenwaldalpe
Wssf.
Lutz
1692
Wellialpe
Schafalpe
Schafalpjoch
2141
1836
Litehütte
(Jhtt.)
1990
Lägazun
(Jhtt.)
1205
Metzgertobelalpe
1502
Jhtt.
Metzgertobel
2105
Unt.
1440

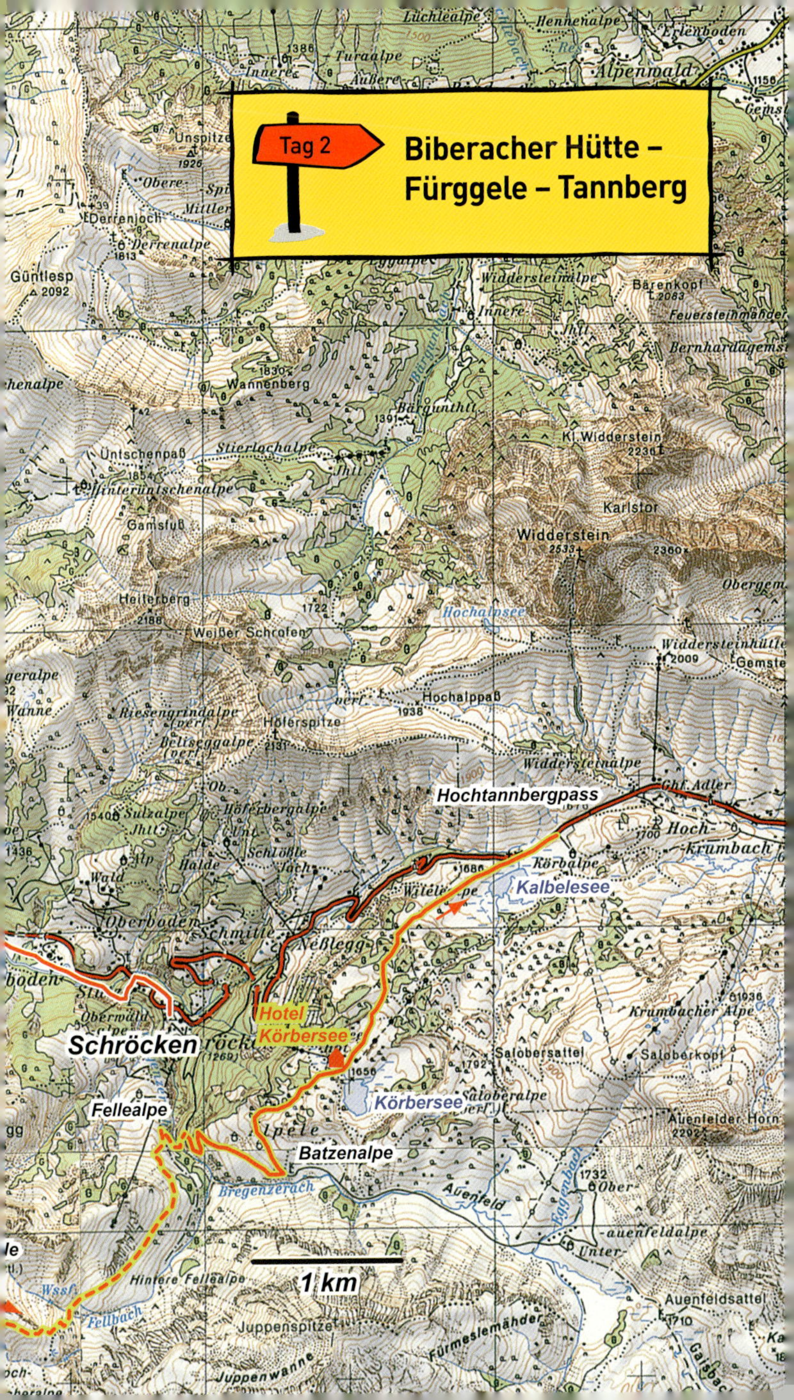

Tag 2
Biberacher Hütte – Fürggele – Tannberg
Hochtannbergpass
Kalbelesee
Hotel Körbersee
Schröcken
Fellealpe
Körbersee
Batzenalpe
1 km
Widderstein
Kl. Widderstein
Karlstor
Hochalppaß
Höferspitze
Wannenberg
Üntschenpaß
Gamsfuß
Heiterberg
Weißer Schrofen
Güntlesp
Salobersattel
Saloberkopf
Krumbacher Alpe
Auenfelder Horn
Auenfeldsattel
Juppenspitze
Bärenkopf
Alpenwald
Unspitze
Derrenjoch
Hochalpsee
Widdersteinhütte

Tag 2

BIBERACHER HÜTTE – FÜRGGELE – HOCHTANNBERGPASS

Biberacher Hütte 1846 m		Fürggelepass 2145 m		Fellealpe 1420 m		Hochtannbergpass 1676 m
	2 Std. ↗ 300 Hm		1½ Std. ↘ 725 Hm		1¾ Std. ↗ 255 Hm	

5¼ Std.
↗ 555 Hm
↘ 725 Hm

Ausgangspunkt: Biberacher Hütte
Endpunkt: Hochtannbergpass
Beschilderung: Fürggele – Fellealpe – Körbersee – Hochtannbergpass

Einkehrmöglichkeiten: Biberacher Hütte, Hotel Körbersee, Gasthof Adler (Hochtannberg)

WEGBESCHREIBUNG. Auf dem Weg zum Fürggelepass (2145 m) durchwandert man das riesige Areal der **Alpe Schadona** auf Großwalsertaler Gebiet und kommt dabei an der Alphütte Schadona und den Nebengebäuden Litten und Lagazun vorbei. Dabei zieht die südlich gelegene Braunarlspitze (2649 m) die Blicke des Wanderers auf sich.

Vom **Fürggele** geht es abwärts bis zur **Fellealpe** (1420 m). Kurz vor der Alphütte zweigt der Weg nach Osten ab. Man überquert dabei die hier noch sehr kleine Bregenzer-

Blick von der Biberacher Hütte ins Große Walsertal

Batzenalpe mit Hochkünzelspitze

ach und gelangt dann ins Gebiet der **Batzenalpe**. Hier wurde ein interessantes Alpmuseum eingerichtet, in dem man viel über das traditionelle Alpwesen erfährt. Von der Batzenalpe ist es nicht mehr weit zum idyllisch gelegenen **Körbersee** (1656 m), den man auch umrunden kann.
Auf einem neu angelegten, breiten Weg wandert man ohne allzu viel Höhenunterschied zum **Hochtannbergpass** (1676 m). Dabei kommt man noch am schönen **Kalbelesee** vorbei, gegenüber ragt der felsige Koloss des Widdersteins in den Himmel.

Körbalpe mit Widderstein

Tag 2 A

BIBERACHER HÜTTE – HOCHKÜNZELSPITZE – SCHRÖCKEN

Biberacher Hütte 1846 m		Hochkünzelspitze 2397 m		Landsteg 1110 m		Schröcken 1250 m
	1½ Std. ↗ 550 Hm		2¾ Std. ↘ 1285 Hm		1 Std. ↗ 140 Hm	

5¼ Std.
↗ 690 Hm
↘ 1285 Hm

Ausgangspunkt: Biberacher Hütte
Endpunkt: Schröcken-Ortsmitte
Beschilderung: Hochkünzelspitze – Schadonapass – Landsteg – Schröcken
Einkehrmöglichkeiten: Biberacher Hütte, Schröcken

WEGBESCHREIBUNG. Von der **Biberacher Hütte** aus bietet sich die Besteigung der imposanten **Hochkünzelspitze** (2397 m) an, einem der höchsten und markantesten Berge des Bregenzerwaldes. Die Gehzeit für den Aufstieg beträgt ca. 1¼ Stunden. Der oberste Abschnitt ist ein alpiner Steig und führt durch felsiges Gelände. Trittsicherheit und Schwindelfreiheit sind dabei erforderlich. In diesem Gebiet kann man mit etwas Glück auch Steinböcke erspähen. Belohnt wird der anstrengende Gipfelsturm mit einem herrlichen Rundblick in die Gebirgswelt der Alpen.
Der Rückweg erfolgt auf derselben Route bis zum **Schadonapass**. Von hier wandert man auf einem Güterweg hinunter zur Bushaltestelle Landsteg (1110 m) an der Landesstraße. Beim Abstieg zum **Landsteg** genießt man schöne Blicke in das Tannberggebiet. Knapp vor dem Landsteg befindet sich die Abzweigung, von der man in ca. 50 Minuten über **Unterboden** hinauf in die Ortsmitte von **Schröcken** (1250 m) gelangt.

Blick vom Weg nach Schadona zum Biberkopf

Gipfelkreuz der Hochkünzelspitze, hinten rechts die Rote Wand

Tag 2 B

BIBERACHER HÜTTE – HOCHKÜNZELSPITZE – SCHOPPERNAU

Biberacher Hütte 1846 m – 1½ Std. ↗ 550 Hm – Hochkünzelspitze 2397 m – 2¼ Std. ↘ 1305 Hm – Schalzbachvorsäß 1090 m – 1¼ Std. ↘ 250 Hm – Schoppernau 840 m

5 Std.
↗ 550 Hm
↘ 1555 Hm

Ausgangspunkt: Biberacher Hütte
Endpunkt: Schoppernau-Ortsmitte
Einkehrmöglichkeiten: Biberacher Hütte, Schoppernau

Beschilderung: Hochkünzelspitze – Untere Gautalpe – Schalzbachvorsäß – Schoppernau

WEGBESCHREIBUNG. Der Aufstieg von der **Biberacher Hütte** zur **Hochkünzelspitze** (2397 m) ist in der Variante A beschrieben. Der Abstieg erfolgt auf demselben blau markierten alpinen Steig, bis man die erste Wegweisertafel erreicht (Dauer ca. 20 Minuten). Dann verläuft ein Bergwanderweg Richtung Westen und man gelangt in das Gebiet der **Gautalpe**. Bei der **Unteren Gautalpe** (1580 m) befindet sich eine kleine Hirtenhütte und man folgt dem Wegweiser zur **Oberschalzbachalpe** (1296 m) und weiter zum sehr schön gele-

Panoramablick von der Hochkünzelspitze

Kapelle im Schalzbachvorsäß, rechts die Mohnenfluh

genen **Schalzbachvorsäß** (1090 m). Dieses hat mit seinen Hütten und der Kapelle einen dörflichen Charakter. Beim Abstieg zum Schalzbachvorsäß kommt man zuerst an kleinen Gebirgsseen vorbei und hat dann rechts das imposante Massiv der Künzelspitze und links den Gipfel des Toblermann (2010 m) vor Augen. Wenn die Bauern mit ihrem Vieh im Frühjahr und Herbst auf dem Vorsäß sind, erzeugt das Bimmeln der Kuhglocken eine besonders beruhigende und friedliche Stimmung.
Unterhalb des Schalzbachvorsäßes erreicht man die Landesstraße und man wandert gemütlich der **Bregenzerach** entlang nach **Schoppernau** (840 m).

Hochkünzelspitze

NÜTZLICHE INFORMATIONEN

Auf dem Weg zum Widderstein, im Hintergrund die Hochkünzelspitze

ALLE INFO-KÄSTEN

Tourismus und Wirtschaft
Bregenzerwald Gäste-Card: S. 20
Wasserwanderweg Bolgenach: S. 33
Kraftwerk Bersbuch: S. 61

ALPABTRIEB

Im Bregenzerwald wird der Alpabtrieb noch traditionell begangen. Mitte September kommt das geschmückte Vieh mit den „Älplern" von den Alpen zurück, wo sie den Sommer verbracht haben. Besonders eindrucksvoll lässt sich der **„Alptag" in Schwarzenberg** erleben, wo Alpabtrieb und Markt seit über 400 Jahren Tradition haben. Am 15. 9. wird am Dorfplatz den ganzen Tag über (vor allem am Vormittag) die Ankunft des Viehs gefeiert, das den Besitzern übergeben wird. Am 16. 9. ist Markttag mit einer Käseprämierung im Angelika-Kauffmann-Saal. (Der Alpabtrieb kann aus Witterungsgründen vorverlegt werden.)

ARCHITEKTUR

Im Bregenzerwald gibt es ein harmonisches Miteinander von alter und neuer Architektur, wobei Holz auch heute noch der bevorzugte Bau- und Werkstoff für Architekten wie Handwerker ist. Der **Architekturführer „Architektouren"** zeigt zeitgenössische Baukunst im Bregenzerwald bzw. in ganz Vorarlberg (erhältlich beim Bregenzerwald Tourismus).

BERGBAHNEN

Alberschwende: Brüggelekopf (Sessellift): 05579/4323 oder 4233
Andelsbuch: Bergbahnen Andelsbuch (Sessellift): 05512/2540
Bezau: Seilbahn Bezau (Kabinenbahn): 05514/2254
Bizau: Hirschbergbahnen Bizau (Sessellift): 05572/25079
Mellau: Bergbahnen Mellau (Kabinenbahn): 05518/2222
Schoppernau: Bergbahnen Diedamskopf (Kabinenbahn): 05515/4110
Damüls: Uga Express (Sessellift): 05510/600
Warth: Steffisalp-Express (Sessellift): 05583/3601

BERGGASTHÖFE UND HÜTTEN

In diesem Führer werden folgende Hütten und Berggasthöfe erwähnt (Ü = Übernachtungsmöglichkeit):

Berggasthöfe

Alpengasthof Brüggele, Alberschwende (Ü): 0664/9750855, geöffnet von Mai bis Oktober
Alpengasthof Niedere, Andelsbuch: 0664/4429447, geöffnet von Mai bis Oktober
Alpengasthof Edelweiß, Au (Ü): 0664/4324840, geöffnet von Pfingsten bis Mitte Oktober
Alpengasthof Höfle, Hittisau (Ü): 0664/4956022, geöffnet von Mitte Mai bis Ende September
Alphof Rossstelle, Mellau (Ü): 05518/2310, geöffnet von Juni bis Oktober
Berchtoldshöhe, Schwarzenberg: 05575/4676
Berggasthof Elsenalpstube, Damüls (Ü): 05510/297, geöffnet von Juni bis September
Berggasthof Hochhäderich, Hittisau (Ü): 0664/9222410, geöffnet von Mitte Mai bis Ende Oktober
Berggasthof Innauer, Bezau/Sonderdach: 0664/9150691, geöffnet von Anfang Mai bis Anfang November
Berggasthof Uga-Alp, Damüls (Ü): 05510/3180, geöffnet von Juni bis September
Bergkristallhütte, Au (Ü): 0664/1808482, geöffnet von Mitte Mai bis Mitte Oktober
Bergrestaurant Diedamskopf, Schoppernau: 05515/4110, geöffnet von Juni bis September
Burglhütte, Sibratsgfäll (Ü): +49 (0)8328/924792, Dienstag Ruhetag
Gasthof Egender, Bizau/Schönenbach: 05513/6410, geöffnet von Mai bis Oktober
Hennenmoosalpe, Hittisau: 05513/2076, geöffnet von Juni bis September
Hochalphütte, Warth: 05583/4250, geöffnet von Ende Juni bis Mitte Oktober
Hotel Berghof Fetz, Schwarzenberg/Bödele (Ü): 05572/77400, Montag Ruhetag
Hotel Hochhäderich, Riefensberg (Ü): 05513/8254, ganzjährig geöffnet
Hotel Körbersee, Schröcken (Ü): 05519/265, geöffnet von Juni bis Oktober
Moosalpe, Riefensberg: 0664/4122915, geöffnet von Mitte Mai bis Mitte November

Neuhornbachhaus, Schoppernau (Ü): 0664/5367595, geöffnet von Ende Mai bis Ende Oktober
Panoramarestaurant Baumgarten, Bezau: 05514/2254-7, ganzjährig geöffnet (Betrieb wie Seilbahn Bezau)
Restaurant Hirschberg, Bizau (Ü): 05572/25079, geöffnet von Mai bis Oktober
Restaurant Simma (Roßstelle), Mellau: 05518/2751, geöffnet von Juni bis Oktober

Hütten

Biberacher Hütte (Ü): 05519/257, geöffnet von Mitte Juni bis Anfang Oktober
Bregenzer Hütte (Ü): 0664/4000864, geöffnet von Mai bis Oktober
Hochälpelehütte (Ü): 05572/7290-36, geöffnet von Mai bis Oktober
Lustenauer Hütte (Ü): 05512/4913, geöffnet von Mitte Mai bis Mitte November
Widdersteinhütte (Ü): 0664/3912324, geöffnet von Ende Mai bis Mitte Oktober

KARTENMATERIAL

Wanderkarte Bregenzerwald:
Sämtliche Wanderrouten und wichtige Informationen über Bergbahnen, Hütten und Alpengasthöfe finden Sie in der Wanderkarte Bregenzerwald. Die Wanderkarte ist bei Bregenzerwald Tourismus, in den Tourismusbüros und in einzelnen Hotels erhältlich. Preis: € 5,00

„KÄSESTRASSE BREGENZERWALD"

Die „KäseStrasse" vereint eine Reihe von besuchenswerten Stationen rund um das Thema Käse, von Sennereien bis zu Wirtshäusern und Handwerksbetrieben. Von Mitte September bis Mitte Oktober gibt es mit dem Bregenzerwälder KäseHerbst ein buntes kulturell-kulinarische Potpourri von Veranstaltungen für Genussfreudige und Kulturinteressierte, die typische Facetten der Bregenzerwälder Lebenskultur erkunden wollen. Informationen unter www.kaesestrasse.at.

KLEINKUNST

Kulturverein Bahnhof Andelsbuch: Konzerte, Kabaretts etc., www.bahnhof.cc

Domizil Egg – die Kleinkunstbühne: bunter Mix aus Theater, Kabarett, Musik und Literatur im Kellertheater, www.egg-domizil.at

Die Parkhalle – ein Theaterlabor: experimentelle Theaterproduktionen, www.parkhalle.at

Bizauer Kulturtage: Theateraufführungen und andere Veranstaltungen, 05514/2129, www.bizau.co.at

MUSEEN

Manche Museen und Ausstellungen haben nur an bestimmten Tagen geöffnet bzw. sind auf Anfrage zu besichtigen. Informationen dazu gibt es über die örtlichen Tourismusverbände bzw. unter www.vorarlbergmuseen.at.

Heimatmuseum Alberschwende (Wohnkultur des Bregenzerwaldes): 05579/4233

Landwirtschaftliches Museum in „Mesmers Stall" in Alberschwende: 05579/4233

Heimatmuseum Bezau (Trachten, Wohnkultur, sakrale Kunst): 05514/2295, Öffnungszeiten mit Führungen: Mai bis Oktober Di 14 Uhr; Juli bis September Di, Do und Sa 15.30 Uhr, Mi 10 Uhr

Heimatmuseum Egg (Trachten, Landschaft, Brauchtum, Wohnkultur): 05512/2216, Öffnungszeiten: Juni bis Oktober Mi und Sa 15–17 Uhr

Alpsennereimuseum in Hittisau (mit historischer Alpsennküche): 05513/6209-50, Öffnungszeiten: Mi 10 Uhr mit Führung

Frauenmuseum Hittisau (frauenspezifische Ausstellungen): 05513/6209-50, www.frauenmuseum.com, Öffnungszeiten: Juni bis Oktober, Do 18–20 Uhr, Fr und Sa 15–17 Uhr, So 14–18 Uhr

Juppenwerkstatt Riefensberg (Herstellung der Bregenzerwälder Frauentracht samt Zubehör): 05513/8356-15, www.juppenwerkstatt.at, Öffnungszeiten: Mai bis Oktober, Di und Fr 10–12 Uhr

Franz-Michael-Felder-Museum in Schoppernau (Texte, Hörproben und Hintergrundinformationen zum Leben des Literaten und Sozialreformers): 05515/2495, Öffnungszeiten: Mo 16–18 Uhr, Do 9–11 Uhr, Fr 17–19 Uhr, So 9.30–11.30 Uhr

Alpmuseum „uf m Tannberg" bei der Batzenalpe (Schröcken): 05519/267-10, Öffnungszeiten Mitte Juni bis Mitte Oktober Do und Sa 14–17 Uhr

Heimatmuseum Schwarzenberg (Wohnkultur), Angelika-Kauffmann-Museum: 05512/3570, www.angelika-kauffmann.com, Öffnungszeiten: Mai bis Oktober, Di bis So 10–18 Uhr, Do 10–20 Uhr, öffentliche Führungen Di 16 Uhr und So/Feiertage 10.30 Uhr

„Werkraum Depot" in Schwarzenberg (Möbel und Einrichtungsgegenstände innovativer Bregenzerwälder Handwerker, die sich im „Werkraum Bregenzerwald" vereint haben): 05512/26386, www.werkraum.at

MUSIK

Schubertiade Schwarzenberg: alljährlich eine Woche im Juni sowie zwei Wochen Ende August/Anfang September, international viel beachtet und von Gästen aus aller Welt besucht. Informationen über den Bregenzerwald Tourismus und die Schubertiade GmbH in Hohenems: 05576/72091, www.schubertiade.at, info@schubertiade.at

Symphonieorchester Vorarlberg: Konzertzyklus im Bregenzerwald, www.symphonieorchester-vorarlberg.at

ÖFFENTLICHE VERKEHRSMITTEL

Landbus Bregenzerwald: 05512/26000
Fahrplan im Internet: www.vmobil.at

SCHWIMMBÄDER

Öffentliche Freibäder gibt es in:
Au: 05515/2288
Bezau: 05514/3101 oder 2295
Egg: 05512/2291
Hittisau: 05513/6209-50 oder 05513/20721
Mellau: 05518/2283
Schoppernau: 05515/2191 oder 2495
Schwarzenberg: 05512/4389

TOURISMUSBÜROS

Tourismusbüro Alberschwende: 05579/4233
Tourismusbüro Andelsbuch: 05512/2565
Tourismusbüro Au: 05515/2288
Tourismusbüro Bezau: 05514/2295
Tourismusbüro Bizau: 05514/2129
Tourismusbüro Damüls: 05510/6200
Tourismusbüro Doren: 05516/2018
Tourismusbüro Egg: 05512/2426
Tourismusbüro Hittisau: 05513/6209-50
Tourismusbüro Krumbach: 05513/8157
Tourismusbüro Langenegg: 05513/4101-14
Tourismusbüro Lingenau: 05513/6321
Tourismusbüro Mellau: 05518/2203
Tourismusbüro Riefensberg: 05513/8356
Tourismusbüro Schoppernau: 05515/2495
Tourismusbüro Schröcken: 05519/267-10
Tourismusbüro Schwarzenberg: 05512/3570
Tourismusbüro Sibratsgfäll: 05513/2121
Tourismusbüro Sulzberg: 05516:2213
Tourismusbüro Warth: 05583/3515
Allgemeine Informationen, Prospekte und Broschüren sind über den Bregenzerwald Tourismus erhältlich: Impulszentrum 1135, 6863 Egg, 05512/2365, info@bregenzerwald.at, www.bregenzerwald.at

Widderstein
2533 m
Lechtal
Innsbruck
Reutte
Lech
WARTH
1495 m
Hoher Ifen
2230 m
Diedamskopf
2090 m
Schönenbach
1025 m
Hirschberg
1834 m
AU
Winterstaude
1877 m
SIBRATSGFÄLL
929 m
Niedere
1711 m
Baumgarten
1620 m
Hochhäderich
1566 m
SCHETTEREGG
1066 m
HITTISAU
790 m
GROSSDORF
662 m
EGG
564 m
Koyen
1300 m
KRUMBACH
733 m
LINGENAU
687 m
MUSELBACH
685 m
RIEFENSBERG
781 m
LANGENEGG
695 m
Aach (D)
SULZBERG
1015 m
DOREN
709 m
Buch
725 m
Hirschberg
1095 m
Thal
598 m
LANGEN
657 m
Pfänder
1062 m
Lindau
Friedrichshafen
München

Mohnenfluh
2544 m
Braunarlspitze
2649 m
Zitterklapfen
2403 m
Zafernhorn
2107 m
Glatthorn
2134m
Hochkünzelspitze
2397 m
Lech
Faschina
1486 m
Uga
1850 m
Körbersee
DAMÜLS
1431 m
Au
Kanisfluh
2044 m
Mittagsspitze
2095 m
Hochblanken
2068 m
Wildgunten
1705 m
Roßstelle
1391 m
734 m
BIZAU
681 m
MELLAU
688 m
REUTHE
650 m
BEZAU
650 m
Hochälpelekopf
1463 m
Brüggelekopf
1182 m
BERSBUCH
612 m
SCHWARZENBERG
700 m
BÖDELE
1139 m
ALBERSCHWENDE
721 m
Bildstein
760 m
Kennelbach
SCHWARZACH
438 m
Dornbirn
Nord
WOLFURT
412 m
Pfänder-
tunnel
LAUTERACH
Bregenzerache

Bibliografische Information Der Deutschen Nationalbibliothek
Die Deutsche Nationalbibliothek verzeichnet diese Publikation in der Deutschen Nationalbibliografie; detaillierte bibliografische Daten sind im Internet über http://dnb.d-nb.de abrufbar.

2. aktualisierte Auflage 2011

Umschlaggestaltung: nuovoline, Innsbruck
unter Verwendung zweier Bilder von Toni Anzenberger, Wien (www.anzenberger.com)
Bild auf der Umschlagvorderseite: Körbersee und Mohnenfluh
Bild auf der Umschlagrückseite: Auf dem Diedamskopf
Layout: nuovoline, Innsbruck
Digitale Gestaltung: Tyrolia-Verlag, Innsbruck
Karten: Kartenausschnitte © BEV-2009, vervielfältigt mit Genehmigung des BEV – **B**undesamtes für **E**ich- und **V**ermessungswesen in Wien, T2011/75845
Routeneintragungen: GEOKES – Büro für Geografie, A-Klaus/Vorarlberg, nach Vorgaben des Autors
Sommerpanorama S. 170–171: Archiv Bregenzerwald Tourismus/Ambrosig
Bilder: alle Bilder stammen von Rudolf Berchtel, außer S. 6–7: Toni Anzenberger, Wien (www.anzenberger.com); S. 28: Juppenwerkstatt Riefensberg/Christine Kees; S. 43: Wolfgang Tonke; S. 69 u. 82: Hubert Cernenschek; S. 77: Bildarchiv Bregenzerwald Tourismus; S. 85: Karlheinz Kaufmann; S. 99: Franz-Michael-Felder-Archiv, Bregenz
Lied auf S. 7: Vorarlberger Liederbuch, S. 34, Bregenz 1982
Gedicht auf S. 99: Franz Michael Felder. Sämtliche Werke, Bd. 1, Bregenz 1978
Alle Sagen aus: Werner Vogt, Sagen aus der Talschaft Bregenzerwald, 1992
Lithografie: digiservice, Innsbruck
Druck und Bindung: Alcione, Lavis (I)
ISBN 978-3-7022-2996-2
E-Mail: buchverlag@tyrolia.at
Internet: www.tyrolia-verlag.at

DER AUTOR

DR. RUDOLF BERCHTEL, geb. 1961, stammt aus Bezau. Er studierte in Innsbruck Geografie und Kunstgeschichte sowie Orgel und Kirchenmusik. Seine Doktorarbeit schrieb er über „Die Alpwirtschaft im Bregenzerwald". Im Auftrag der Vorarlberger Landesregierung konzipierte und bewertete er die Wanderrouten des Bregenzerwaldes. Neben seiner Arbeit als Musiklehrer und Kirchenchorleiter in Dornbirn sowie seiner Konzerttätigkeit als Organist gilt seine Leidenschaft den Bergen seiner Heimat.